# K´AJALÍN

**modelo** de intervención
de la **espiral caótica**
para alumnos con
**espectro de sobredotación**

## David Alberto
## Valencia Hernández

ola
PUBLISHING
INTERNACIONAL

ISBN: 978-1-63765-232-9

PUBLISHING
INTERNACIONAL

Hola Publishing Internacional
www.holapublishing.com

Impreso y encuadernado en los Estados Unidos de América

Con dedicatoria especial para mi hija Samantha, mi abuelo José del Carmen(†) y los integrantes que son y han sido parte de mi equipo de trabajo en la USAER No. 48; así como mis compañeros directivos, en estos años, de la Zona Escolar No. 6 de Educación Especial.

Villahermosa, Tabasco a 17 de diciembre de 2021

**David Alberto Valencia Hernández**

El Comité Editorial Normalismo Extraordinario Tabasco, nos dirigimos a usted para informarle que hemos recibido el libro **K´ajalín: Modelo de intervención de la espiral caótica para alumnos con espectro de sobredotación** del cual usted es **Autor** para participar en la convocatoria de selección de los productos literarios de estudiantes, docentes y egresados de las IFD´s que conformarán la colección Normalismo Extraordinario 2021, cuyo propósito es promover la cultura escrita, el registro y el diálogo histórico, académico y artístico.

Como resultado de la revisión realizada y en virtud de que cumple con todas las normas editoriales establecidas, el Dictamen es:

**APROBADO**

Con la certeza de que su trabajo contribuirá a la promoción de la cultura de la publicación en nuestras comunidades formadoras de docentes le reiteramos un cordial saludo.

**Mtra. Noemí Narváez Ávila**
**Coordinadora de Escuelas Normales, IESMA y UPN**
**Representante del Comité Editorial Normalismo Extraordinario Tabasco**

# ÍNDICE

# Prólogo

Uno de los mayores frutos de la práctica docente es llevar su reflexión al papel. El documento que tiene en sus manos es un claro ejemplo de la formación profesional y el conocimiento que solamente se logra a través de la práctica en el aula.

En las siguientes páginas podrá acompañar la construcción teórica que parte de la implementación que el autor ha hecho a lo largo de su vida profesional. Es palpable en cada una de sus páginas la pasión y el compromiso para brindar la mejor respuesta educativa a las niñas, niños y jóvenes con aptitudes sobresalientes.

Sin duda, es el reflejo de la reflexión profunda que parte de analizar las aportaciones de las y los principales investigadores en el tema; aunado a las políticas educativas que el autor ha estudiado, puesto en práctica y valorado durante su vida profesional.

Esta mirada es única y muy valiosa, pues cuenta con elementos fundamentales que permiten evaluar y considerar las necesidades que sólo pueden conocer quienes día a día tienen oportunidad de buscar mejores espacios educativos para poblaciones tan específicas como la de aptitudes sobresalientes y talentos específicos.

A través de los siguientes capítulos acompañará al autor a cuestionarse los fundamentos de la atención educativa de esta población, siempre considerando los retos y las oportunidades que nuestros contextos educativos ofrecen.

En ocasiones el texto podrá parecer disruptivo e incluso atrevido. Es por ello que recomiendo que su lectura tenga un criterio abierto, así como un reconocimiento a la complejidad que ha tenido la operación de la atención de la población con aptitudes sobresalientes. Mirando a profundidad los contenidos que a continuación se presentan, podrá encontrar espacios para cuestionar temas fundamentales sobre el concepto, la identificación y, sobre todo, la atención educativa que brindamos en las escuelas.

Como profesional y apasionada de la atención de esta población, me es muy grato presentar el trabajo del Mtro. Valencia. Como él mismo dice: "No hay final escrito en este texto". Mi mayor esperanza es que sea la inspiración y el inicio de otros textos que den cuenta de la reflexión de miles de historias de vida de docentes apasionados por generar una realidad distinta para la población con aptitudes sobresalientes.

Está por entrar a un texto distinto, que seguramente le llevará a revisar muchas otras investigaciones. No dude en cuestionar, como lo ha hecho el Mtro. Valencia, y atreverse a proponer otras posturas que puedan hacer que cada vez menos estudiantes sobresalientes sigan esperando una respuesta educativa oportuna.

Gabriela de la Torre García

# Capítulo 1

## De AS a sobredotados: una mirada de deconstrucción para construir

Antes de iniciar este abordaje teórico, debo puntualizar que existen diversas posturas sobre el concepto del sector poblacional del cual versará este documento. En México se emplea aptitudes sobresalientes para referirse a ellos, y en otros países se les conoce con sobredotación o alta capacidad. Por lo que el presente texto empleará las segundas (sobredotación y alta capacidad) cuando sean mencionadas en alguna cita textual internacional del tópico, y cuando me posicione en la concepción mexicana emplearé la construcción conceptual avalada por las normas de control escolar, llamada aptitudes sobresalientes.

Por otro lado, veo prudente hacer una mención especial a la palabra *k'ajalín*, la cual es un concepto perteneciente a un pueblo originario de Tabasco que practica la lengua yokot'án. En dicha lengua, esta palabra significa el que sabe mucho o más sabe. Así que cuando conocí el significado decidí incorporarla inmediatamente a la propuesta, pues el saber se manifiesta en todo acto humano y no exclusivamente en el terreno de la intelectualidad; lo que permite que encaje en la visión que el presente texto tratará de compartirle.

## 1.1   La inevitabilidad del cambio

El confinamiento por COVID-19 ha cambiado las reglas del juego. Nos ha hecho confrontarnos, a nivel mundial, con los constructos historizados de normalidad, en sus diversos escenarios (incluso también construidos), y a lo entendido como lo humano; en relación específica con lo que le da derecho a eso, lo humano, de ser, lo que es y quién es.

Durante este periodo, en las notas periodísticas, radiofónicas, televisadas o generadas en redes sociales, se divisa, o divisaba, dependerá de cuando se publique esto, la disputa por el derecho a la normalidad de parte de los sujetos que no queremos aceptar que "eso" a lo que hemos privilegiado como normalidad ha sucumbido.

Las reglas del juego cambiaron en Wuhan y en el mundo. "Nosotros, los de entonces, ya no somos los mismos" (Neruda, 1924). Todos hemos sido tocados por el contagio de alguna manera.

La pandemia irrumpió y trastocó la ley y su ética; nos cuestionó sobre lo fundamental y lo trivial; sobre lo importante y lo secundario; sobre la vida y el poder generado por el dinero; sobre la importancia de la presencia, aunque sea virtualizada de ese alguien importante; entre muchas cosas más. En otras palabras, nos creó nuevos escenarios. Nos mostró que la normalidad no es la única forma de construir el mundo o que se está comenzando a construir una incierta nueva normalidad.

Así como que los sujetos relevantes o considerados como sobresalientes, hasta antes de la pandemia, fueron sustituidos por "otros" que no eran tan importantes en un inicio. Por ejemplo, es más importante un virólogo que encuentre la cura que un deportista de alto rendimiento; aunque no se deja de reconocer que el segundo presenta cosas que lo hacen destacar para cierto sector poblacional, que anhela su retorno.

Incluso ese virólogo (Katalin Karikó[1], Ugur Sahin[2] y Özlem Türeci[3], Sarah Gilbert[4], Kizzmekia Colbert[5] y Chen Wei[6]), perteneciente a una red mundial de virólogos comandada por la OMS, de encontrar la cura, se convertiría en un sobredotado dentro de ese sector elitista de especialización médica. Por lo que también debemos hablar de que las estructuras rígidas que sueñan en delimitar la sobredotación son completamente arbitrarias y temporales.

Es decir, lo sobresaliente no es estático. Es cambiante. El acto que define qué es y cómo es sobresalir, en cada era humana, se ha apegado a un constante replanteamiento. Dicho replanteamiento depende del momento histórico y social que el mundo esté viviendo, que el mundo esté construyendo; pues es del terreno del pensamiento mágico sostener que todos los conceptos, incluido el de sobresalir, existe por alguna clase de designio natural o naturalista.

Es más, siendo más osado, tendríamos que pensar que este cambio constante sucumbe ante las cosmovisiones de destruir para construir que han acompañado al humano a través de diversas eras; como se aprecia en las culturas prehispánicas, mesopotámicas, griegas, asiáticas, precristianas, etc., que conceptualizaron deidades de la destrucción que aparecían para marcar la necesidad de que la humanidad hiciera un replanteamiento a su vida misma. Y para obtenerla, generaron catástrofes naturales de carácter global. Incluso nuestra

---

[1] Mujer húngara creadora de la tecnología (ARN modificado) usada en las vacunas de Moderna y BioNTech.

[2] Hombre de ascendencia turca que desarrolló junto a su esposa la vacuna Pfizer/BioNTech.

[3] Mujer de ascendencia alemana que desarrolló junto a su esposo la vacuna Pfizer/BioNTech.

[4] Mujer de ascendencia británica que desarrolló la vacuna AztraZeneca.

[5] Mujer de ascendencia afroamericana que desarrolló la vacuna Moderna.

[6] Mujer de ascendencia china que desarrolló la vacuna CanSino.

máxima teoría de creación, como lo es el Big Bang, alude a que se destruyó algo para fundar lo que actualmente empezamos a conocer y, sobre todo, cuestionar. Basta decir que los economistas le han conceptualizado como *"Creative Destruction"*[7] (Schumpeter, 1942; citado por Morro & Arribas, 2019).

Con mucha cautela, trataré de decir que esta horrible tragedia que nos ha arrojado el COVID-19 no ha sido la primera, ni será la última, que nos ha tocado vivir como especie. Y en cada momento de transición, nuestras conceptualizaciones del mundo y de lo humano son trastocadas por las posibilidades que esa etapa nos permite.

Como lo estoy expresando, este fenómeno no ha sido exclusivo del COVID-19, sino que ha aparecido en diversas eras humanas; en las cuales, la sobredotación ha tenido y está teniendo otros actores principales, a quienes sería injusto evaluar con los instrumentos actuales o los socialmente aceptados hasta antes del cambio de la condición que nos está tocando vivir, pues el paradigma reinante era otro.

Por ejemplo, no sería justo evaluar a Sócrates con un test de comprensión lectora; cuando en su tiempo no era importante saber leer ni escribir, sino filosofar. Probablemente con ese instrumento, en vez de reconocer al genio de Sócrates, estaríamos canalizándolo a un centro especial para determinar el por qué no accedió a la lectoescritura; y no faltaría quién lo diagnostique con Discapacidad Intelectual, Problemas Severos de Aprendizaje o alguna clase de Esquizofrenia.

Siguiendo con esa línea de trabajo, pensemos en las personas que estudian filosofía en la actualidad. Esas personas no ocupan lugares centrales en la vida social, pues la sociedad prefiere a un genio en cibernética que pueda crear una red social, como ocurrió con Facebook, que a un filósofo seguidor de Schopenhauer.

---

[7] Destrucción creativa.

Todo esto porque el mundo ha priorizado otras disciplinas, áreas, actividades humanas, etc., y en cada una de ellas surgen sujetos que destacan por adaptarse a las nuevas necesidades humanas. Pero no por ello los otros genios dejaron de ser genios; ese filósofo brillante y seguidor de las ideas de Schopenhauer seguirá teniendo un grupo de contemplación, aunque éste se haya reducido considerablemente en comparación con las otras disciplinas empoderadas en el tiempo específico de análisis.

Esto lleva, incluso, a reflexionar en la infraestructura virtual que el COVID-19 está haciendo construir a diversos gobiernos mundiales para dar respuesta al problema educativo desde el distanciamiento social. En el cual, probablemente, el docente con mayores problemas de control grupal, el que era catalogado como el peor maestro, se convierta en el mejor, porque el escenario de actuación le permite caminar en un nuevo rol docente que no necesita dominar un grupo, sino generar contenidos interesantes con sus alumnos.

Mas, debo ser claro, no estoy diciendo que estas condiciones se dan de forma axiomática, sino que pueden darse casos específicos; así como el peor siga siendo el peor; el menos malo, el menos malo, y el mejor, el mejor maestro. Lo que busco decir, es que las condiciones cambiaron y, por consiguiente, los actores están transmutando durante ese proceso.

Dicho de otra manera: no pongo en relieve una radicalización sobre el bien y el mal, o lo bueno y lo malvado, sino pienso en la caducidad histórica de los constructos; en esa línea imaginaria que hemos creado en diversas eras para reconocer la sobredotación, no en el carácter genético, sino en la necesidad social de dar plusvalía a ciertas características y no a otras.

Y es que este nuevo escenario mundial de construcción, por el fenómeno de la globalización, nos tiene entramados en esta pandemia de salud, pero también de culturas y procesos protocolarios para buscar una reapertura económica, que de forma lateral mueva los demás quehaceres humanos desde lo industrial, político, deportivo, cultural y hasta educativo.

No hay comunidad, por más marginal que sea, que se escape de este mundo globalizado. ¿Quién hubiera creído que un virus que surgió en Wuhan, China, trastocaría la realidad de la Villa el Triunfo, Balancán (lugar donde radico)? ¿Quién hubiera pensado que el mundo no es tan grande como nos lo hicieron creer? ¿Quién hubiera pensado que el tiempo y el espacio (otros constructos en discusión) operaron bajo otra línea de medición en este periodo?

Hoy debemos preguntarnos: ¿cómo deconstruir para construir? Pero para ser más específico en lo que quiero proponer: ¿cómo deconstruir un constructo regido por una normalidad educativa que ha sido trastocada y que nos ha impuesto una gobernabilidad inexacta sobre la sobredotación?

No sé si lo logre, pero trataré de dar forma a esta idea, con lo jurídico que nos queda, tras la pandemia.

En 2015, la Asamblea General de la ONU acordó la implementación de la Agenda 2030 para el Desarrollo Sostenible, la cual está integrada por 17 objetivos. En particular, el objetivo 4, "Garantizar una Educación Inclusiva, equitativa y de calidad y promover oportunidades de aprendizaje durante toda la vida para todos", en su meta 4.7 nos dice:

> De aquí a 2030, asegurar que todos los alumnos adquieran los conocimientos teóricos y prácticos necesarios para promover el desarrollo sostenible, entre otras cosas mediante la educación para el desarrollo sostenible y los estilos de vida sostenibles, los derechos humanos, la igualdad de género, la promoción de una cultura de paz y no violencia, la ciudadanía mundial y la valoración de

la diversidad cultural y la contribución de la cultura al desarrollo sostenible.

Construir y adecuar instalaciones educativas que tengan en cuenta las necesidades de los niños y las personas con discapacidad y las diferencias de género, y que ofrezcan entornos de aprendizaje seguros, no violentos, inclusivos y eficaces para todos.

(Naciones Unidas, 2016: 15-16)

Bajo esta idea, el mundo está planteando una mayor eficacia educativa para todos los alumnos, no importando su condición. Lo que hace pensar sobre la eficacia obtenida al momento en la atención de los sobresalientes, sector poblacional que, en México, desde el año 2006, cuenta con el texto *Propuesta de intervención: Atención educativa a alumnos y alumnas con aptitudes sobresalientes;* donde se buscaban propiciar oportunidades educativas diferentes dentro del mismo contexto a estos alumnos.

En este documento se operativizó un concepto, el cual era detectado con un proceso específico. Proceso que ha generado discriminación para los sobredotados detectados y aquellos que fueron excluidos del programa.

Más adelante se abordará el tema con mayor precisión, pero sí quiero enfatizar que la propuesta excluía a ciertas condiciones generadas en ciertos contextos. Tal vez no en el apartado teórico-filosófico, pero sí en la operatividad. Esto lo mostré en el año 2014, con mi tesis de maestría. Y tras reencontrarme con la necesidad de hablar de los sobresalientes puedo ver que no hay movimiento. La gente dice aplicar lo mismo que se propuso desde 2006, sin cuestionar el carácter cambiante de los escenarios y del conocimiento; y más bajo esta incertidumbre de los cambios educativos que nos construye e incluso dejará la pandemia sanitaria.

Si bien, la Agenda 2030 genera discusiones sobre su armonización en la vida jurídica de México desde ese 2015, se empezó a pensar, estructuralmente, hasta el Plan Nacional de Desarrollo vigente; hablamos del año 2019. En él se propone, al menos en el terreno jurídico, iniciar procesos de transformación a nivel federal y estatal, convocando a todos los actores educativos para repensar el actuar docente y armonizarlo en una ley educativa.

En este caso, el presente documento muestra una propuesta armonizada a esta nueva "construcción de realidad social de bienestar" para los actuales y futuros beneficiarios del programa de aptitudes sobresalientes, o como se pretende proponer alumnos con espectro de sobredotación en múltiples excepcionalidades.

Cabe mencionar que este trabajo rescata la necesidad de ver a la educación como un elemento indispensable para lograr el bienestar, ya que la "(…) *educación es parte de la política social"* (*Diario Oficial de la Federación*, 2019:36) desde el nuevo marco jurídico del país. Razón por la que se puntualizó el análisis de cómo garantizar el derecho a la excelencia educativa a alumnos con espectro de sobredotación, no importando su género, religión, grupo étnico, discapacidad, violencia, contagio, etc.; es decir, eso que se considera como estar en múltiples excepcionalidades. Entrando a una discusión de fondo, sobre si se debe o no hablar de vulnerabilidad por el simple hecho de contar con esta diversidad de condiciones, es decir, la multiplicidad de excepcionalidades en un sujeto con sobredotación, podría o no generar vulnerabilidad. Cada caso debe ser pensando de forma única e irrepetible. Mas, el que se dé o no la vulnerabilidad no debería ser el factor de riesgo que determine la priorización en la atención educativa, sino un elemento de análisis de las condiciones en las que se brinda dicha atención para buscar cambios.

Sería muy ingenuo pensar que con sólo detectar las condiciones, antes entendidas como barreras del aprendizaje y la participación, se está interviniendo. Si las condiciones no cambian, lo único que se tiene es la justificación del porqué no se logra un bienestar educativo. Por lo que el presente trabajo ha respetado el nuevo propósito de la vida política de nuestro país:

Construiremos la modernidad desde abajo, entre todos y sin excluir a nadie". (…) "Será una construcción colectiva, que incluya la vasta diversidad de posturas políticas, condiciones socioeconómicas, espiritualidades, culturas, regiones e idiomas, ocupaciones y oficios, edades e identidades y preferencias sexuales que confluye en la población actual de México.

(*Diario Oficial de la Federación*, 2019:36)

Por lo cual, hay que analizar el panorama general de los hitos y mitos con que se ha hecho operativo el programa de aptitudes sobresalientes en cada uno de los centros escolares de nuestro Estado para preguntarnos si el diseño, que en un momento político social específico se construyó, ya no se sostiene.

Es más, dicho diseño se ha convertido en un mecanismo de exclusión de ciertos diferentes no apreciados en la constitución de lo organizado y pensado como constructo de la sobredotación.

Por lo cual, es prioritario buscar un nuevo acuerdo que dé respuesta educativa a este sector poblacional, con límites más flexibles que hagan operativo un diagnóstico más incluyente para las otras excepcionalidades que han quedado marginadas, desde el imaginario y la práctica educativa, dentro de ciertos contextos poco favorecedores.

Por ejemplo, el escaso reconocimiento de sujetos con sobredotación en Centros de Atención Múltiple (CAM) no tiene que ver con la carencia de sobredotación de esta población, sino con que, al analizar el proceso de detección, el docente parte de que en ese escenario ningún alumno podrá sortear adecuadamente dicho proceso y que será una pésima inversión de tiempo; cuando las necesidades de ese alumno, bajo su óptica, son otras. Pero esto no es exclusivo de los CAM; el mismo discurso se sostiene en planteles de educación multigrado dentro de los diversos niveles; y más aún, si a este escenario se le suman excepcionalidades como pobreza, idiosincrasia étnica, religiosa, violencia, identidad sexual, contagio, discapacidad, etcétera.

Dicho de otro modo, se ve la pobreza del escenario como un imaginario donde no puede existir sobredotación para los que diagnostican, aunque existan alumnos que destaquen en ese contexto social. Tal vez no sean comparables con el rendimiento de otros sobredotados que están en otros escenarios más favorecedores, pero sí dominantes en cierto elemento específico, sea curricular o no, de ese contexto.

Entonces, la forma de redactar el Plan Nacional de Desarrollo 2018-2024 nos debería permitir el abrir un nuevo debate "necesario" sobre quiénes son los sobredotados y cómo se deben buscar.

Del mismo modo, dicho debate debería partir de la gran crítica de pensadores post-modernistas sobre el uso segregador y clasificatorio de la población por parte de los instrumentos estandarizados; e incluso sostener una argumentación acerca de los mismos instrumentos estandarizados, en relación en qué y cómo dicen valorar lo que expresan medir; así como los procesos empleados que los jerarquizan como los determinantes objetivos de una condición, pues ningún instrumento se abstiene de sucumbir ante la subjetividad, pues la subjetividad es la madre de los mecanismos construidos para la objetividad.

Por consiguiente, los instrumentos estandarizados que se asumen como objetivos tuvieron su origen en la subjetividad.

Es más, en dichos espacios de reflexión, debemos pensar en cómo y quién regula los procesos de detección; si las pruebas que se eligen para el proceso son suficientes o no; si son pertinentes o no; incluso si el proceso mismo requiere de pruebas o puede reconocerse que pueden ser obviadas, partiendo de que no todo ha sido medido y no todo se puede medir hasta llegar a cuestionar qué mecanismos de evaluación deberían crearse para regular al proceso mismo y quién y cuándo lo debería aplicar.

Porque, si no abrimos el debate, incluso estaríamos violentado la reforma al Art. 3° Constitucional, que dice:

> Corresponde al Estado la rectoría de la educación, la impartida por éste, además de obligatoria, será universal, inclusiva, pública, gratuita y laica.
>
> (…) La educación se basará en el respeto irrestricto de la dignidad de las personas, con un enfoque de derechos humanos y de igualdad sustantiva. Tenderá a desarrollar armónicamente todas las facultades del ser humano y fomentará en él, a la vez, el amor a la Patria, el respeto a todos los derechos, las libertades, la cultura de paz y la conciencia de la solidaridad internacional, en la independencia y en la justicia; promoverá la honestidad, los valores y la mejora continua del proceso de enseñanza aprendizaje.
>
> El Estado priorizará el interés superior de niñas, niños, adolescentes y jóvenes en el acceso, permanencia y participación en los servicios educativos.
>
> (*Diario Oficial de la Federación*, 2019).

Sobre todo, cuando hablamos de que las oportunidades deben ser universales, nos debemos avocar a reflexionar que no debe importarnos el contexto social de formación de los niños con sobredotación. Ellos pueden existir en un multigrado de una comunidad marginal, en un CAM o en un Centro de Alto Rendimiento; o sea, en cualquier escenario.

Esas oportunidades deben ser inclusivas, reconociendo que los diferentes para nada son iguales a lo que se construye como diferentes; lo cual comulga con "(…) la igualdad no se opone a la diferencia, pero la igualdad se opone a la mismidad. No es lo mismo la igualdad que la mismidad. La inclusión no choca con la igualdad" (Consejo Mexicano de Investigación Educativa, 2020).

Es decir, en el programa de 2006, se habla de alumnos con aptitudes sobresalientes intelectuales; y para buscarlos se aplica un instrumento que categoriza ciertos elementos de la intelectualidad, pero no a toda la diversidad que puede asociarse a la misma. Por ello, cuando se busca a alumnos intelectuales se comete el error operativo de que lo intelectual se reduce a eso, y como el sujeto no cuadra en el esquema no es un alumno con sobredotación. Esto mismo ocurre en todos los campos propuestos para la detección. Esto conlleva a que se violen sus derechos humanos, pues no reciben la atención que permita desarrollar, armónicamente y en equidad, sus facultades humanas, llevando a muchos de estos alumnos a la deserción del programa de aptitudes sobresalientes, pues éste no los desafía y no los hace crecer en el campo específico que fue detectado.

Esto, sumado a la quema de sus docentes por expresar que no tienen lo que se necesita para estar en el padrón de la sobredotación, sin cuestionarse que el que el sujeto no haya despuntado, no es problemática exclusiva del sujeto, sino de la relación educativa que ha tenido con él o todo el servicio educativo durante su recorrido histórico.

Entre estos dimes y diretes, que surgen de la subjetiva realidad y el marco legal federal que reconoce la necesidad de un replanteamiento de ciertas cosas, que si bien no las está replanteando o no las está replanteando del todo, los Estados han intentado armonizar en sus propios planteamientos qué hacer con estas poblaciones "especiales".

Específicamente, hay que puntualizar que Tabasco ha visibilizado en el Plan Estatal de Desarrollo a la población atendida por los servicios de Educación Especial.

La población de alumnos con necesidades educativas especiales asociadas a una discapacidad y/o aptitudes sobresalientes, detectados y atendidos por los servicios de educación especial en el inicio del ciclo escolar 2018-2019, equivale al 4.31% de la matricula total de educación básica; es decir, 23 mil 594 alumnos, de los cuales 21 mil 870 se encuentran incluidos en escuelas de educación básica de todos los niveles y modalidades, mientras que 1 mil 724 alumnos estudian en los Centros de Atención Múltiple.

(*Diario Oficial del Estado de Tabasco*, 2019:70).

Estos datos plantean preguntas sobre, si al momento, las estrategias educativas implementadas de forma estructural han impactado en una mejora educativa para estas polaridades poblacionales o si lo que se ha decretado en documentos no ha generado dicha movilización. ¿Qué relación guardan los bajos niveles de aprovechamiento con dichas polaridades? ¿Cómo se elabora la evaluación de estas poblaciones especiales y cómo está impactando en los resultados del Estado?

Porque el primer gran fundamento del programa de aptitudes sobresalientes de 2006 era elevar el rendimiento en las pruebas nacionales e internacionales de los sujetos que recibían la estimulación diferenciada. Por lo que es llamativo que el Estado, a pesar de contar con una matrícula considerable, no esté mostrando que estos sujetos detectados estén destacando, siendo esto un foco de alerta sobre cómo se está interviniendo para que este sector especial no esté teniendo los resultados educativos que se esperaban, desde 2006, con la llegada del programa AS. Que si bien, Tabasco, de forma oficial, ingresó hasta 2010 con su matrícula, se conoce que hubo personal asignado para la asimilación ideológica del proyecto desde 2008.

Más, es prudente continuar analizando la visión del apartado "2.4. EDUCACIÓN, CIENCIA, TECNOLOGÍA, JUVENTUD Y DEPORTE", del Programa Estatal de Desarrollo; el cual dice:

> Tabasco contará con un sistema educativo incluyente, con equidad e igualdad de oportunidades, que asegurará una educación moderna, de calidad, que impulsará la práctica de la cultura física y el deporte, así como la apropiación de la ciencia y la tecnología para el desarrollo integral de niños, jóvenes y adultos.
>
> (*Diario Oficial del Estado de Tabasco*, 2019:68).

Con ello, Tabasco define una directriz educativa de tres puertos: deporte, ciencia y tecnología; las cuales deberán ser transmitidas de forma incluyente, con equidad e igualdad de oportunidades. Bajo esta luz, la población con sobredotación debería ser detectada en estos escenarios. Escenarios que la visión reinante de detección no posee.

O sea, lo que quiero puntualizar, es que el marco legal y las necesidades educativas del Estado han cambiado, pero los procesos de detección del programa de aptitudes sobresalientes continúan inertes; parecieran intocables, indebatibles, como si hubieran sido instaurados por un designio divino que lo hace incuestionable. Es decir, la visión del Plan Estatal de Desarrollo nos convoca a transformar nuestras prácticas pedagógicas e incorporar estos campos de trabajo (deportes, ciencia y tecnología) en la atención de alumnos con aptitudes sobresalientes[8] y múltiples excepcionalidades[9], porque el mundo cambió en 14 años, pero los procesos e instrumentos de detección no quieren ser tocados por la autoridad local ni los operadores del programa.

No se quiere entrar a un debate sobre si es necesario o no el uso de pruebas estandarizadas para detectar a los alumnos con sobredotación o incluso, como lo dije antes, realizar una nueva construcción teórica que reconozca la influencia del tiempo y los procesos sociales para la determinación de lo sobresaliente.

Lo anterior lo expreso por la oportunidad que el nivel de Educación Especial del Estado me brindó, de diciembre de 2019 a marzo de 2021, para hablar de sobredotación y la necesidad de generar una nueva construcción que abarque la conceptualización y la presentación de un nuevo esquema de detección[10], con maestros y el encargado pedagógico, siendo una revelación el hecho de que todos decantaron por la necesidad de seguir aplicando lo mismo, aunque se hizo patente que el mundo, el conocimiento y las necesidades humanas cambiaron.

Esta realidad desdice la estrategia del Plan Estatal de Desarrollo "2.4.3.1.5.6. Propiciar en todos los niveles educativos un mayor respaldo a los alumnos con aptitudes sobresalientes,

---

[8] Durante el documento, el concepto de superdotación sustituirá al de aptitudes sobresalientes.

[9] Debemos reconocer que cuando hablamos de excepcionalidades, evocamos condiciones adjuntas a la sobredotación. Erróneamente, se le decía doble excepcionalidad, haciendo creer que un sujeto con sobredotación podría tener sólo una condición asociada; en la realidad, por la pluralidad de escenarios de convergencia del sujeto, se ha apreciado que no sólo puede tener dos, sino "n" posibilidad de condiciones. Por lo cual, en este trabajo se le nombrará como múltiples excepcionalidades. Por ejemplo, un sujeto puede tener sobredotación, discapacidad, pobreza extrema, diversidad sexual…

[10] En este libro lo presento en el siguiente capítulo.

que facilite su desarrollo integral" (*Diario Oficial del Estado de Tabasco*, 2019:82). Ya que el gran reto es que la atención priorice al estudiante desde el nivel básico, hasta el superior; bajo enfoques incluyentes, de igualdad y equidad.

Pero, sobre todo, por primera vez, el estado de Tabasco reconoce que existen alumnos con aptitudes sobresalientes, sobredotación, sobresalientes, o como le quiera llamar, en su población escolar. Lo que da un soporte jurídico para crear un nuevo programa que dé respuesta contextualizada a este sector. Porque si no, sería un acto discriminatorio nombrarlos, pero no hacer nada por ellos.

Cabe mencionar que Tabasco no sería el primer y único Estado que construye un modelo alterno de sobredotación, con su propio marco teórico, esquema de intervención y diagnóstico:

- En 2011, la Secretaría de Educación Pública de Hidalgo publicó *Guía de intervención educativa para alumnos con aptitudes sobresalientes y talentos específicos*, la cual fue coordinada por la Subdirección Técnica de aptitudes Sobresalientes de la Dirección de Educación Especial.

- En 2014, la Secretaría de Educación de Sinaloa, en coordinación con "Amigos del Talento en Sinaloa, I.A.P.", "el Instituto de Apoyo a la Investigación e Innovación" y el "Colegio de Sinaloa: Trabajo, Arte y Ciencia", publicó *Fantasmas en el aula. Cómo aprovechar el potencial invisible en México*, el cual fue coordinado por Rocío Labastida Gómez de la Torre.

- En el mismo año, la Secretaría de Educación de Tamaulipas publicó el *Manual de Identificación y Registro de Talentos. Guía para docentes* bajo la coordinación general de Karen Isabel Yara Ibón.

- En 2021, la Secretaría de Educación del Gobierno del Estado de Yucatán, mediante el financiamiento del Programa de Fortalecimiento de los Servicios de Educación Especial, publicó *Tomo 2 Aptitudes Sobresalientes. Colección juntos trabajemos por la inclusión* bajo la conducción de la Psic. Vida Arjona Tamayo, el Mtro. Genaro Burgos Córdova, la Mtra. Gladys Cárdenas Morales y la Profra. Concepción Fernández Azcorra.

Entonces, como se aprecia, para construir un nuevo programa de sobredotación, las bases jurídicas y necesidades sociales están dadas. Incluso la SETAB empezó a caminar, desde 2019, en un nuevo planteamiento de otros programas, que se fueron adhiriendo a la visión del proyecto "Tabasco Eres", proyecto de la Secretaría de Educación del Estado de Tabasco que cuenta con cuatro ejes rectores: identidad y compromiso; aprender y razonar; fortalecimiento multigrado; y padres educadores (SETAB, 2019). También se sumó a diversos expertos educativos para crear una política que genere cambios ante los bajos resultados en las evaluaciones nacionales e internacionales. Lo relevante es que esa propuesta ha salido de escuchar necesidades y de democratizar que no se puede transformar haciendo lo mismo.

Hoy, tras el COVID-19, es necesario construir desde un cuestionamiento epistemológico de la normalidad, qué y quién será el sobresaliente, en este nuevo escenario mundial, nacional y estatal. Así como tratar de definir las líneas de intervención específicas, desprendidas de las necesidades que investigadores y docentes han documentado antes, durante y después de la pandemia en relación con la sobredotación; las cuales deberían priorizar el desarrollo integral, ya que no sería suficiente ver al sujeto desde una óptica clasificatoria con límites claros que dicte el desarrollo intelectual, deportivo, cultural, etc., de forma excluyente y exclusiva, si no está acompañado de una visión ética que pondere los derechos humanos en un escenario completamente inédito; sea lo que sean los derechos humanos en ese u otro momento histórico.

## 1.2   Daños colaterales

El programa de aptitudes sobresalientes[11] fue relanzado a nivel nacional en el año 2006 por la CONAEDU y el PFEEIE para dar atención a esta población diversa en cualquier contexto social/educativo.

Dicha propuesta se construyó desde el año 2000, cuando se planteó la necesidad de elevar los resultados de PISA, teniendo como base la teoría de los modelos socioculturales, con énfasis en el modelo de la superdotación de Gagné; la cual enfatiza que un sujeto superdotado está constituido por diversas esferas (intelectual, perceptual motora, creativo, socioafectivo u otros), que se desarrollan formal o informalmente en los contextos sociales de influencia bajo un potencial significativamente superior.

En otras palabras, la superdotación podría manifestarse en cualquier contexto humano, ya que para que se reconozca debe existir un grupo social de referencia, y el sujeto con superdotación cuenta con las cinco esferas en distintos niveles de desarrollo, teniendo alguna o algunas como dominantes y otras como recesivas[12], lo que generaría un perfil único para cada sujeto con superdotación.

---

[11] Es necesario derribar el concepto CAS o AS, ya que México es el único país que conceptualiza de esta manera a esta población debido a que el equipo de Margarita Gómez Palacios quiso construir una línea alterna a lo que se estaba planteando a nivel mundial, bajo el nombre superdotación, pensando que nuestro país sería pilar de una nueva construcción. Con el paso del tiempo, el concepto superdotación se comentó a nivel mundial, mientras que el de CAS o AS es sólo un concepto sin teoría de soporte.

[12] La visión de aptitudes dominantes y recesivas es una aportación teórica del Mtro. David Alberto Valencia Hernández. Es el primer documento oficial donde lo difunde.

O sea, los alumnos con superdotación no son iguales entre ellos. Algunos podrían manifestar su potencial con un buen desempeño en algún momento de la escolarización o actividad humana y otros no; e, incluso, la escuela podría no ser el escenario de desarrollo de esa potencialidad.

Si bien, existe un debate abierto sobre superdotación en lo concerniente al tema de la potencialidad contra el desempeño. Porque superdotación es potencial, pero no implica alto desempeño; contrario a que el alto desempeño es demostración de potencialidad y, por ende, también superdotación.

Dicho de otro modo, el potencial y el alto desempeño son maneras diferentes de apreciar la superdotación en el ser humano.

Dentro de la adaptación teórica, la SEP (2006) presentó las esferas con los siguientes nombres: Intelectual, Creativo, Socioafectivo, Psicomotora y Artística, con la intención de sostener esta diversidad de sujetos con superdotación.

Este diseño de intervención se conoció como la propuesta de enriquecimiento, la cual se pensó que apoyaría el potencial de los alumnos con superdotación en todo el territorio nacional, por lo que se efectuaban reuniones nacionales para evaluar sus avances.

En este periodo de incubación[13], nuestro Estado no participó activamente en los primeros 10 años, a pesar de asistir a las reuniones nacionales que se convocaban[14]. Es por ello que existió un desconocimiento de la propuesta de intervención enfocada al enriquecimiento de planteles regulares que contarían o no con USAER; así como para los CAM.

---

[13] Hablamos del periodo comprendido del año 2000 al 2010. Se cuentan con registros de las primeras reuniones nacionales sobre aptitudes sobresalientes.

[14] Se conoce que el Mtro. Gabriel Ramón y el Dr. Roberto Pacheco fueron asignados, al inicio de la gestión en la Coordinación de Educación Especial del Mtro. José de los Santos López Córdova, para asistir a esas reuniones por varios años; pero por diferencias personales con esa administración fueron apartados del proyecto, llevándose con sí la información de todo este periodo.

Este distanciamiento del programa AS[15] desvirtuó el esquema de detección federal, generándose hibridación entre la fase 1 (enriquecimiento) y 2 (aceleración). Este colosal error se reprodujo en cada zona escolar de Educación Especial del Estado, por lo que, incluso, cada centro de trabajo realizó ajustes a la detección federal; lográndose así que la planta docente olvidara el programa de enriquecimiento y se enfocara exclusivamente en el de aceleración.

Esto produjo la instauración, casi canónica, de la propuesta de detección de Zavala[16] como la única opción para detectar alumnos con aptitudes sobresalientes.

Dicha propuesta hablaba de rellenar formatos de nominación libre e inventarios de aptitudes para cada nivel educativo, lo que hartó a los docentes de regular y especial al edificársele una carga administrativa innecesaria y, al mismo tiempo, excluyente. La propuesta de Zavala cierra el espectro de las aptitudes sobresalientes y no permite reconocer como AS a aquellos que no pueden ser medidos bajo esos instrumentos.

Además, los procesos sociales actuales han movido a las infancias[17] —infancias en transición[18] (Barojas Sánchez, 2019)—, y sostener un esquema de más de una década, hace que se pierda la diversidad que se está moviendo en cada escenario.

---

[15] Cabe mencionar que, durante este tiempo de distanciamiento, se continuó trabajando bajo el esquema de CAS.

[16] Se hace referencia al formato de nominación libre y el inventario de aptitudes sobresalientes que, desde 2010, se instauró como una herramienta atemporal para la detección de esta población.

[17] Si bien, las predisposiciones genéticas y los rasgos biofísicos explican, en parte, de qué manera el ambiente y las experiencias determinan el DPI, la evidencia más categórica nos lleva a considerar al niño como un actor social (G. Irwin, Siddiqi, & Hertzman, 2007:9-11).

[18] El concepto de infancias en transición fue presentado por la Dra. Josefina Barojas Sánchez en la Conferencia Magistral de mismo nombre, en el marco del aniversario 19 de la Unidad de Servicios de Apoyo a la Educación Regular No. 48.

Todos estos "filtros" sobrecargaron de trabajo a los psicólogos, quienes, además, aplican indiscriminadamente pruebas psicométricas y proyectivas según la aptitud que los inventarios marcaban. Lo que ha generado que, durante todo el ciclo escolar, el psicólogo se dedique a saber si es o no AS un alumno, abandonando la atención a los otros sectores de alumnos e incluso no interviniendo con los AS que ya están matriculados; pues el trabajo se está limitando a detectarlos, no a intervenir, lo cual ha distanciado la operatividad de lo que dictaba la propuesta original de enriquecimiento. Propuesta que sugería que las pruebas psicométricas y proyectivas no determinarán la inclusión de alumnos al programa, sino que se aplicarán en casos especiales mediante una evaluación psicopedagógica, con la intención de saber la manera eficaz de dar una respuesta educativa.

Lamentablemente, se ha sostenido la idea de que el CI debe ser el logos[19] reinante para dar acceso al programa; partiendo de la concepción errónea de que el cerebro y el CI no transmutan, según las experiencias. Hecho que desdice la visión general del programa AS de 2006, es decir, el programa sí promovía movilidad en esta concepción, pero la inercia de la práctica opera en otro sentido. "Las condiciones ambientales a las cuales los niños están expuestos, inclusive la calidad de las relaciones y del universo lingüístico, literalmente 'esculpen' el cerebro en pleno desarrollo" (G. Irwin, Siddiqi, & Hertzman, 2007:7).

Esto sirve como base para sostener que un programa de enriquecimiento podría reeducar al cerebro, además, que la medición cognitiva, de un momento histórico a otro, puede cambiar según el grado de estimulación que el sujeto presente; o la nula intervención que se le dé, porque esto también lo hace perder.

---

[19] Me enfoco a la percepción griega de la palabra: concepto.

Lamentablemente, este error de aplicación y concepción que el Estado de Tabasco, en el año 2010, construyó, generó diversas problemáticas en los actores que aplican y son "beneficiarios".

Uno de los fenómenos detectados es que los alumnos con aptitudes sobresalientes se han vuelto ególatras y deshumanizados. Este fenómeno fue reportado en trabajos de investigación publicados por el Instituto de Educación Superior del Magisterio (Tabasco).

En uno de esos trabajos se expresa que los alumnos con aptitudes sobresalientes se muestran insensibles ante los hechos sociales que les rodean; incluso no muestran algún grado de perturbación por las necesidades y el dolor que personas en situación de vulnerabilidad están viviendo.

> El origen de este proyecto nace a partir de la poca sensibilidad que los adolescentes muestran hacia los grupos vulnerables tales como personas con discapacidad, adultos mayores y niños en situación de abandono, desvinculándose de lo que acontece a diario en su contexto social, porque no les resulta importante.
>
> (Lavastida Sánchez, 2015:1).

Y se agrega:

> Un alumno sobresaliente pocas veces establece relaciones interpersonales adecuadas con sus pares o la comprensión de contenidos sociales asociadas con los sentimientos, intereses y necesidades personales hace que esa habilidad para convivir con los demás y adaptarse socialmente se le brinde poca o nula atención.
>
> (Lavastida Sánchez, 2015:1).

Lo curioso es que esto fue apreciado desde el inicio del Programa AS a nivel nacional. Esto se sostiene con lo siguiente:

> Verdad que si, lo vemos desde el equipo que estaba trabajando a nivel nacional, desde ahí se criticaba que la muchacha que enfrentaba estos, la muchacha que llevaba el caso, que llevaba el programa se sentía un poco medio inflada, pues. Entonces, y eso lo comentamos que había casos.

(López Córdova, 2013, citado por<br>Valencia & Escalante, 2014:173).

Hecho que se ha ido replicando en nuestra entidad federativa:

> Me he encontrado ahorita niños que dicen tener esa aptitud intelectual, pero también carecen de esa aptitud socio-afectiva, de poder relacionarse con los demás, por el simple hecho de que se vuelven egocentristas, de que porque son los inteligentes y siempre vienen trayendo calificaciones de diez o siempre están señalados con la etiqueta "ay que no, pues ese es niño de diez o es niña de diez igual"; hay niños que también esa habilidad la carecen y son los niños, también, [con] problemas, que también ocasionan problemas de conducta.

(Dolores, 2013, citado por<br>Valencia & Escalante, 2014:174)

Como se puede apreciar en la narrativa de ambos trabajos, los alumnos pierden el sentido de compañerismo y humanitario, pero es más sorprendente que esto no haya derivado en una política educativa que dé respuesta a esta necesidad.

Lo anecdótico es que muchos padres de familia viven el mismo proceso que sus hijos; se han vuelto comunes los alegatos donde solicitan que no se relacione a sus hijos con población con discapacidad o problemas de aprendizaje. Así como una crisis afectiva que se vive en el proceso eterno de detección vigente, que, en algunos casos, confronta a los padres con los servicios de educación especial de las escuelas.

> Incluso los mismos padres ya también se alzaban, hubieron casos aquí en el Estado que de pronto "no pues si mi hijo esto y yo quiero que me den esto, me apoyen en esto"; o sea, y el mismo niño eso también lo afectaba y, entonces, de pronto se empezó a ver cómo enfrentar esta situación, porque si habían casos de padres, y padres y niños que se ponían en un plano ¿Cómo te dijera? Se sentían como un ultra pues.

> (López Córdova, 2013, citado por Valencia & Escalante, 2014:171).

Sobre esto, tampoco se generó una política educativa específica. A lo mucho, se planteó que en las escuelas de padres se tocara el tema, pero no se profundizó en conocer qué se estaba implicando al hecho mismo de estar en dicha escuela de padres.

Y la problemática más terrible debe ser analizada en dos vertientes, la cual es la duda de los beneficios que acarrea a los alumnos el participar en el programa de aptitudes sobresalientes.

Por un lado, los docentes de especial, bajo la modalidad de USAER o CAM, sostienen que en sus escuelas no existen estos alumnos.

> A lo mejor en CAM si encontramos niños que les gusta cantar, a lo mejor a niños que son hábiles para la computadora; pero cuando nosotros ya vamos a la parte

de la aplicación de los test, pues ahí el CI que marcan pues nuestros niños de CAM no lo dan, no lo dan y nos quedamos sólo con el identificar y poder seguir desarrollando en esos niños esas habilidades o esas aptitudes que ellos tienen. Pero que, en estas alturas, nosotros tengamos un niño AS propiamente completo como lo piden, lo marcan para hacer una aceleración y cosas por el estilo ¡No! ¡No lo tenemos! Un BENDER por ejemplo no me, no lo alcanzan los niños a dar.

(…) Ciertamente, en CAM no hemos diagnosticado como para que entre al programa, pero sí nos ha servido para identificar las aptitudes que puedan tener.

(Soledad, 2013, citado por
Valencia & Escalante, 2014).

Se agrega:

No hemos logrado movernos de dos paradigmas, si estamos caminando hacia CAM que te dicen "¿Cómo? ¿aptitudes sobresalientes con nosotros?"; O sea, las expectativas son muy bajas. Y si nos vamos hacia educación regular, dicen "¡No! ¡Intelectuales no tenemos, ningún AS! ¡No tenemos ningún superdotado!"; o sea, estamos muy polarizados. En una, nos estamos yendo mucho por lo intelectual y negamos que tengamos; y en otra, nos asombramos en pensar que ese puede ser. Entonces, estamos viendo las limitaciones o las barreras que nosotros estábamos poniendo, porque no lo habíamos visto desde esa óptica, nuestra formación había sido otra.

(Mijangos Cortés, 2013; citado por
Valencia & Escalante, 2014).

Esto se debe a que los programas de formación y actualización existentes no han dado a conocer los diversos marcos teóricos sobre sobredotación.

En 2014, la Universidad Alfa y Omega incorporó las asignaturas "Bases Teóricas de las aptitudes sobresalientes" y "Procesos de Intervención de las aptitudes sobresalientes" en la Maestría de Educación Inclusiva (Lara Lagunes, 2014). Por su parte, en el mismo año, el Instituto de Educación Superior del Magisterio agregó la asignatura "Respuesta Educativa a alumnos con aptitudes sobresalientes" para la Maestría en Educación Especial con Enfoque Inclusivo. Y se sumó la Escuela Normal de Educación Especial "Graciela Pintado de Madrazo", con una asignatura sobre aptitudes sobresalientes en la Lic. en Educación Especial.

Estos movimientos de profesionalización docente en el terreno de las aptitudes sobresalientes han surgido de reconocer que el sujeto con sobredotación ha sido discriminado institucionalmente por docentes frente al grupo y de educación especial al no salir de una dicotomía dañina y polarizante; que por un sector apunta a no esperar nada significativo, y, por el otro, sobrevalora las capacidades del alumno, llegando a frustrarlo.

Por lo que afirmaciones como "Estos alumnos saturan mi estadística"; "No deberían estar siendo atendidos por nosotros, sino por un centro especializado", y "¿Para qué se atiende a ese alumno? Ese no genera problemas. Hay que atender al rezagado, ese sí genera problemas", se han convertido en el pan de cada día de esta población en los diversos contextos escolares.

Además, el docente de educación especial invierte más tiempo en descalificar la inclusión de un alumno al programa de aptitudes sobresalientes que en buscar metodologías que lo potencien.

Todo este escenario hace interrogarnos sobre: ¿qué gana el niño o adolescente con sobredotación al pertenecer a un padrón de élite si no se aprecia un trabajo sistemático para proyectar sus potencialidades? ¿Existe alguna diferencia en el sobresaliente, antes y después de iniciar la intervención institucional tras su nombramiento como sobresaliente? ¿Estando en el programa de sobresalientes se ganan o pierden habilidades?

Por lo que estos hitos y problemáticas actuales que vive el Estado, en atención a alumnos con sobredotación, han movilizado de manera independiente a las instituciones formadoras para incluir asignaturas y líneas de investigación que abran la discusión académica en sus posgrados. Sin embargo, estos ejercicios no están teniendo suficiente eco en otras esferas de la administración pública municipal, estatal y nacional; en específico sobre qué debe cambiarse del programa vigente o cómo estas esferas del actuar gubernamental deben incorporarse.

## 1.3   Teoría del espectro de la sobredotación

El desconocimiento teórico del programa de aptitudes sobresalientes, por parte de los docentes, implica que rastrean lo que han conceptualizado como alumno AS mediante sus propias perspectivas; sin contar, en muchos casos, con la revisión teórica de los estilos de aprendizaje de la sobredotación y su desarrollo diferenciado.

Para comprender el porqué propongo el nombre de espectro de la sobredotación, mostraré lo que los ocho grandes modelos teóricos han construido en esta historicidad sobre el constructo de sobredotación y sus tipologías:

- Marland o la definición de la Oficina de Educación de los Estados Unidos (1971).

- Modelo de las Inteligencias Múltiples de Gardner (1983).

- Modelo de los Tres Anillos de Renzulli (1986).

- Modelo de Tannenbaum (1986).

- Modelo de Mönks y Van Boxtel (1988).

- Modelo de Gagné (1985, 1991).

- Teoría Implícita Pentagonal del Talento de Sternberg (1993).

- Modelo Tetrárquico de Superdotación Emergente de Sánchez Manzano (2005).

- Modelo de Pacho, Gema (2016).

Iniciaré hablando del primer gran modelo teórico que se ha sido reconocido, el cual es Marland, modelo que propuso la primera gran clasificación que diversifica la sobredotación:

"(...) Los niños capaces de elevadas realizaciones pueden no haberlo demostrado con un rendimiento alto, pero pueden tener la potencialidad en cualquiera de las siguientes áreas, por separado o en combinación...".

(Pacho Jiménez, 2016:72)

| Tabla 1. Tipología de Marland de la sobredotación humana ||
|---|---|
| **Clasificación** | **Características** |
| Capacidad intelectual general | Como categoría, se aproxima a la definición de superdotación de Terman. Los niños que la poseen manifiestan elevada capacidad de aprendizaje y son, al mismo tiempo, relativamente creativos. Su estructura cognitiva es compleja, resultando competentes tanto en el aprendizaje en general como en áreas más específicas. |
| Aptitud académica específica | Desde cierta perspectiva, una concreción de la inteligencia general. Son alumnos con elevado rendimiento en una o más áreas académicas determinadas y no suelen presentar problemas sociales. |
| Pensamiento productivo o creativo | Estos alumnos muestran una elevada creatividad relativamente independiente de la capacidad intelectual, que puede ser media o superior a la media. Su relación con el profesor suele ser difícil. Se benefician con el trabajo en grupo durante el tiempo escolar. |
| Capacidad de liderazgo | Muestran alta inteligencia social o habilidad para las relaciones sociales e interpersonales, su inteligencia general no suele ser extremadamente alta. Es bien aceptado por los compañeros, el rendimiento escolar suele ser medio y presentan buen ajuste emotivo. |
| Artes visuales y representacionales | Como pintura o fotografía. Destacan en destrezas relacionadas con la percepción, representación y ejecución artística. El rendimiento académico es normal o superior a la media y la socialización y madurez emocional puede ser irregular. |
| Capacidad psicomotora | Destacan en destrezas motrices relacionadas con el mundo del deporte y del arte; danza, por ejemplo. La capacidad intelectual y el rendimiento académico de estos chicos varía. Son normalmente bien aceptados por los compañeros y presentan un desarrollo emocional normal. |

Esta teoría de la diversificación hace ver que la sobredotación no se limita a elementos intelectuales; y en la relación con su posición histórica, es la primera que abre el debate sobre el constructo de las inteligencias, sólo que desde otra óptica.

El Informe Marland se adelantó 12 años al Modelo de las Inteligencias Múltiples (IM) de Gardner, que es el segundo constructo teórico que reconoce a la sobredotación. Lo que hace diferente a las IM del Modelo de Marland es la propuesta de los tres principios de la inteligencia:

- **"La inteligencia no es una dimensión unitaria**, una cosa simple sino que la aptitud cognitiva es mejor descrita como un conjunto de capacidades, talentos, aptitudes mentales a las que denomina inteligencias.

- Estas inteligencias son **independientes** una de otras.

- Dichas inteligencias **interactúan"** (Pacho Jiménez, 2016:74)

Se agrega una clasificación específica de la sobredotación y el talento (Gardner, 1993ª; citado por Pacho Jiménez, 2016:75):

Tabla 2. Tipología de Gardner de la sobredotación humana

| Concepto | Característica |
|---|---|
| Prodigiosidad | Forma extrema del talento en una especialidad concreta (ejemplo: Mozart en el campo musical). |
| Precocidad | Cuando la prodigiosidad se manifiesta en edades tempranas. |
| Prodigio | Se aplicaría a un individuo con una precocidad inusual. |
| Experiencia y pericia | Relacionados también con los conceptos de excelencia, superdotación y talento, se utilizan para referirse al trabajo desempeñado dentro de una especialidad y durante un tiempo.<br><br>(...) Sin embargo, señala Gardner (1993ª), que la experiencia no implica originalidad, dedicación o pasión; la experiencia se entiende como una forma de excelencia técnica. Así, resalta el autor, fue que algunos colegas de Mozart, que producían por encargo obras musicales, pudieron ser músicos (compositores) expertos sin ser originales. |
| Experto | Persona que alcanza un nivel alto de competencia dentro de una especialidad, independientemente de que sus procedimientos sean o no novedosos. |
| Creativa | Se considera así a la persona que suele resolver los problemas o elaborar los productos en una especialidad de una manera que en principio es novedosa, pero la condición es que la producción se reconozca adecuada para la especialidad.<br><br>(...) es una característica reservada a los productos que se consideran inicialmente novedosos en una especialidad, que siempre son reconocidos válidos dentro de la comunidad de expertos pertinente. |
| Genio | (...) es un concepto que se utiliza para definir al individuo creativo que es capaz de alcanzar perspectivas son novedosas y que además inciden en todas las culturas. Por ejemplo, Einstein, es un buen ejemplo porque sus descubrimientos han supuesto avances trascendentales universales. El término de genio esta referido al individuo cuya obra creativa en una especialidad ejerce una contribución excelente, de manera que en el futuro, individuos que trabajen en esa especialidad tendrán que tenerla como punto de referencia y enfrentarse a las contribuciones hechas por el genio si quieren superarla o transformarla. Cuanto más universal sea la contribución y más se difunda por diferentes culturas y épocas, más grande será el genio (Gardner, 1993ª). |

Fuente textual: Pacho Jiménez (2016:75)

Esta clasificación recorre las inteligencias múltiples propuestas por el mismo Gardner y pueden derivarse en talentos específicos con instrucción formal o informal.

Si bien, no coloco las inteligencias múltiples que propone el autor porque constantemente las modifica. Por consiguiente, siguiendo la línea de que la sobredotación no es estática, los talentos específicos tampoco; por lo que no beneficiaria el limitar la clasificación de los tipos de inteligencias y sus derivados en talentos para la versión armónica del presente trabajo.

Siguiendo la línea histórica llegamos con Renzulli y su teoría de los tres anillos, la cual propone que la sobredotación es una combinación de tres elementos fundamentales (Pacho Jiménez, 2016:81-82):

| Tabla 3. Los tres anillos de Renzulli | |
|---|---|
| **Anillos** | **Características** |
| Capacidad intelectual superior a la media | Esta definición deja el punto de corte en un lugar un tanto arbitrario, por lo que ha precisado que en torno al percentil 75, o superior, se puede considerar un valor umbral adecuado. |
| | Entiende la capacidad cognitiva tanto en términos de aptitudes específicas como en términos de los procesos y habilidades que emplea el sujeto para procesar la información y adaptarse a nuevas situaciones. |
| Motivación o compromiso con la tarea | Entendida como **disposición activa, perseverancia, trabajo duro, confianza en sí mismo, ilusión por la tarea**. Señala que esta dimensión debe estar presente en toda definición de superdotación, pues la investigación presenta evidencia de que no todos los sujetos que puntúan alto en inteligencia llegan a ser sujetos de alta producción creativa; y viceversa, sujetos con CI algo superior a la media y fuerte motivación han logrado aportaciones interesantes en el campo elegido. |
| Creatividad | Supone originalidad de pensamiento, capacidad para crear nuevas ideas, para **ir más allá de lo convencional**, apertura a nuevas experiencias, a soluciones distintas para problemas tradicionales. |
| Fuente textual: Pacho Jiménez (2016:81-52) | |

La unión de estos tres anillos ayuda a analizar la sobredotación de un sujeto, no limitándolo a un campo específico, pues la teoría es abierta e incluso el anillo de compromiso a la tarea nos invita a expandir la forma de mirar; porque no debemos pensar ese constructo de una forma concreta. El sujeto con sobredotación podría tener compromiso a la tarea que a él le interese, la cual, en ocasiones, podría no tener relación alguna con la propuesta por el profesor de alguna disciplina en particular. Dicho de otro modo, podría ser muy destacado en algún campo disciplinar, pero ese campo disciplinar poco o nada tendría que ver con la cuestión curricular propuesta en el plan de estudios vigente. Por consiguiente, el sujeto no cumpliría con tareas que el docente envíe, pero no por ello deja de ser sobresaliente, sino que el campo de propuesta no es de su interés.

Seguidamente, llegó el Modelo de Tannenbaum, que presenta la siguiente tipología de sobredotación (1993, citado por Pacho Jiménez, 2016:57-59):

| Tabla 4. Tipología de Tannenbaum | |
|---|---|
| **Tipo** | **Característica** |
| Precoces | Los que tienen un desarrollo temprano inusual para su edad. Sin embargo, la precocidad no es sinónimo de superdotación o de talento. La mayoría de los superdotados son precoces, pero no todos los niños precoces llegan a desarrollar capacidades excepcionales. El adelanto en las primeras etapas de desarrollo de un niño no puede evaluarse como superdotación intelectual. Para ello ha de seguir manteniéndose en los años posteriores y ser demostrable mediante pruebas evidentes. |
| Prodigios | Son los que realizan una actividad fuera de lo común para su edad y condición. Desarrollan productos que llaman la atención en un campo específico: memoria, lenguaje, ritmo, etcétera. |
| | El fenómeno de dominar un campo a una edad muy temprana no es muy común. El término *niño prodigio* hoy se usa de forma excepcional. |
| | El prodigio se caracteriza por la emergencia de un talento en la mitad de la infancia (antes de los 10 años alcanza el dominio de un profesional adulto en algún campo determinado). Por ejemplo, Mozart fue considerado un niño prodigio en la música por su creatividad musical a una edad muy temprana.<br><br>(Sánchez Manzano, 2007). |
| | Ha (SIC) habido figuras eminentes que fueron niños prodigio en su infancia; el caso de Mozart es universalmente conocido, pero ha habido otros que no lo fueron, Einstein o Picasso, y también son conocidos numerosos casos de niños prodigio que posteriormente no han desarrollado más habilidades que cualquier otro adulto. |
| Genios | Hay menos unanimidad con respecto a esta denominación, pero bajo este término se encontrarían sujetos con una gran capacidad intelectual y de producción creativa e inventiva. |
| | Históricamente, los casos más representativos serían: Leonardo Da Vinci, Miguel Ángel, Newton o Einstein. También se denominan así a los sujetos de capacidad ilimitada. |
| Talentos | El talento es la capacidad de rendimiento superior en un área de la conducta humana. Hay numerosas clasificaciones de tipos de talentos. DeHaan y Havighurst (1957) hablan de intelectual, creativo, científico, social, mecánico, y artístico. Phenix (1964) propone: simbólico, empírico, estético, intuitivo, ético y sintético. El propio Tannenbaum (1993) prefiere hablar de: científicos, artístico, adicionales, escasos, anómalos, etcétera. |
| | El talento es el desarrollo de la superdotación, entendida ésta como potencial cognitivo. El ambiente familiar, escolar y social juegan un papel muy importante en este desarrollo. También se ha empleado el término **talentoso** para referirse a la persona que tiene talento. |
| De alta capacidad | Se reconoce en este grupo a sujetos con alta capacidad intelectual medida a través de pruebas psicométricas. La línea de corte la establecería un CI **de 125 a 130**. |
| Brillantes | Sujetos que destacan en alguna capacidad en un contexto determinado. |
| Excepcionales | Sujetos que se desvían de la media. |
| Superdotados | Se refiere a la persona que posee una aptitud intelectual y creativa muy por encima de lo normal, teniendo en cuenta su edad. "Las aptitudes son capacidades humanas 'naturales', que tienen su origen en las estructuras genéticas, y dan lugar a las diferencias individuales; pueden observarse cuando no existe instrucción o práctica, según lo ha definido Gagne" (Sánchez Manzano, 2007).<br><br>Los términos **biendotado** y **sobredotado** intelectual son sinónimos del anterior. Algunos autores reservan este término para adultos que destacan en todas las áreas del conocimiento humano. |
| Personas creativas | Se refiere a la persona que tiene una alta inventiva y originalidad, pero ello ha de ser demostrado con la aportación de algún producto nuevo que tenga valor y utilidad. |
| Fuente textual: Pacho Jiménez (2016:57-59) | |

Cuando revisé a Tannenbaum por primera vez, pude divisar las bases del "Espectro de la sobredotación"[20] en esta tipología. Aunque es menester mencionar que el espectro de la sobredotación no debe pensarse de forma exclusiva para esta tipología, como hemos ido observado en los antecesores, la sobredotación se adapta a los tiempos.

Siguiendo este recorrido histórico llegamos al modelo de Mönks y Van Boxtel (1988); el cual "(…) está basado en la tríada propuesta por Renzulli (*alta habilidad intelectual, motivación y creatividad*), añadiendo la tríada social de la familia, el colegio y los compañeros o amigos" (Pacho Jiménez, 2016:84-85). En este modelo, el contexto juega un papel preponderante para favorecer o limitar el desarrollo del potencial intrínseco del sujeto, que es lo que Renzulli, años previos, había mencionado. Estos autores expresan que no reconocer la influencia del entorno no permite apreciar las divergencias que los superdotados obtienen con el devenir de su vida.

> (…) Dicen los autores que la superdotación no es algo que exista en el vacío, el superdotado, al igual que cualquier otra persona, se desarrolla e interacciona en marcos sociales y experimenta procesos evolutivos complejos que deben ser estudiados en el mismo cuadro conceptual.
>
> (…) hay que añadir que estos investigadores consideran que los superdotados manifiestan cambios diferenciales debido a sus capacidades y al entorno en el que se desenvuelven y este es de gran importancia en el estudio del superdotado.
>
> (Pacho Jiménez, 2016:85)

---

[20] El concepto de Espectro de Sobredotación es una aportación teórica del Mtro. David Alberto Valencia Hernández, y es la primera ocasión que la presenta en un documento oficial.

Esta es una teoría mixta de la formación de la sobredotación, pues reconoce la potencialidad intrínseca del sujeto, pero, al mismo tiempo, refiere que se necesitan apoyos externos socializantes que lo hagan florecer.

En un caso hipotético, muchos pensarían que de procrear un hijo Norma Palafox y Cristiano Ronaldo, éste tendría un potencial intrínseco para ser futbolista. Pero si las vueltas del destino, las oportunidades y los apoyos se ponen en juego hacia otro sendero, podría ser que ese hijo elija algo diametralmente opuesto al fútbol.

Es decir, el sobredotado no está destinado a continuar linajes genéticos, deportivos, científicos o culturales por nacer en cierta cuna, sino que manifiesta un potencial para algo, que no se sabe qué podrá ser en un futuro, pues el camino a ese futuro tendrá variaciones sociales que lo irán construyendo.

No todos los sujetos con esas u otras potencialidades cumplen el mismo esquema de desarrollo; no hablo de forma biológica, sino de esquemas diversos que están atravesados por múltiples excepcionalidades (culturales, sociales, económicos, políticos, discapacidad, étnico…) que abonan a su diversidad, única e irrepetible.

Si bien, estoy diciendo que no existe un determinismo para la sobredotación, sí podemos apreciar que en diversas teorías y prácticas psicopedagógicas se ha buscado apoyar a este grupo humano con orientación educativa para proponerles en qué contextos poder desarrollarse de mejor manera y cómo, posiblemente, hacerlo.

Bueno, quiero retomar esta línea histórica. En donde, ahora, nos topamos con Gagné[21], quien habló de lo siguiente:

---

[21] Sobre este teórico hablé en mi tesis de maestría, en donde publiqué que la SEP plagió gran parte de su obra para construir el programa de aptitudes sobresalientes vigente.

En su modelo, Gagné propone cinco dominios de aptitud: intelectual, creativa, socioafectiva, perceptual motora y otros. Estas aptitudes están parcialmente conformadas por las cualidades genéticas del individuo y, aunque tienen un componente genético muy significativo, su desarrollo no está controlado únicamente por procesos de maduración; la estimulación ambiental juega un papel igualmente importante a través del uso cotidiano y del entrenamiento informal.

(SEP, 2006:53-54, citado por
Valencia & Escalante, 2014:113).

Esa aptitud llamada "otros" engloba todos aquellos dominios que no pueden ser clasificados, lo que abriría el discurso para pensar en una teoría de la sincronía y asincronía temporal del espectro de la sobredotación[22], pero mientras Gagné reconoce que existen sobredotados no clasificables, la Teoría Implícita Pentagonal del Talento de Sternberg (1993, citado por Pacho Jiménez, 2016:89-90) manifiesta la existencia de cinco criterios o condiciones para determinar la sobredotación en un sujeto.

| Tabla 5. Teoría implícita pentagonal del Talento de Sternberg | |
|---|---|
| **Criterios o condiciones** | **Características** |
| Criterio de excelencia | La significación de ser superdotado supone que uno es extremadamente "bueno" en algo, en términos psicológicos, o "alto" en alguna de las dimensiones juzgadas. Dicho criterio puede variar de un contexto a otro, pero aunque esto ocurra, el superdotado siempre será percibido como que destaca en alguna dimensión, como es, por ejemplo, la inteligencia, creatividad o sabiduría. |
| El criterio de rareza | Este criterio complementa al de excelencia pues, a pesar de que una persona pueda mostrar una superioridad en un atributo dado, si esto no se valora como inusual, a esta no se la considera como superdotada. |
| El criterio de productividad | Este criterio ha generado desacuerdos al determinar quiénes deberían ser calificados como superdotados ya que, para algunos, una alta puntuación en un test de inteligencia no resulta suficiente para identificar a un sujeto como superdotado; de hecho, los estudiantes son típicamente juzgados en razón a su potencial, más que por la productividad real. Siendo, por tanto, necesario para la detección el que la persona muestre un potencial productivo en algún dominio específico. |
| El criterio de la demostrabilidad | Resulta básico que el individuo demuestre que posee las capacidades y logros que se valoran como propios del superdotado; ello conlleva el que los instrumentos de valoración utilizados tengan una alta validez, considerando en esta la influencia de posibles factores externos, fundamentales en la identificación de capacidades, y fiabilidad de constructo, que nos permita conocer qué medimos exactamente (conocer la capacidad por la habilidad). |
| El criterio de valor | Para que una persona pueda considerarse un talento ha de demostrar superioridad en esa dimensión, y que sea estimada individualmente y en su entorno social. |

---

[22] En otra oportunidad plantearé más sobre esta línea de pensamiento.

Por su parte, Sánchez Manzano (2007, citado por Pacho Jiménez, 2016:90) expresa que existen cuatro elementos importantes a tomar en cuenta para desarrollar el talento:

- "La maduración.

- El uso diario de situaciones para solucionar problemas.

- La preparación y la práctica informal.

- La preparación formal en un campo particular" Sánchez Manzano (2007, citado por Pacho Jiménez, 2016:90).

Con lo cual, él clasifica de la siguiente manera la sobredotación:

| Tabla 6. Estimación estadística de la sobredotación, según Manzano | | |
|---|---|---|
| Nivel | CI equivalencia | Frecuencia en la población |
| Ligeramente superdotado | 115-129 | 1:40 |
| Moderadamente superdotado | 130-144 | 1:40-1:1.000 |
| Altamente superdotado | 145-159 | 1:1.000-1:10.000 |
| Excepcionalmente superdotado | 160-179 | 1:10.000 -1:100.000 |
| Hiperdotado | 180 o más | 1:1.000.000 |
| Fuente: Pacho Jiménez (2016:92). | | |

Como podemos observar, Manzano abona la clasificación regida por las pruebas estandarizadas, las cuales se empiezan a diversificar según los diversos tipos de inteligencia del sujeto; por lo que incluso está clasificación, que pareciera netamente intelectual y que muestra la prevalencia en la población, nos permitiría pensar en el espectro de la sobredotación en múltiples excepcionalidades y contextos. Así como nos hace ver cómo, si se especializa la atención de un sector específico de sobresalientes, se podría ir encontrando sobresalientes con mayor capacidad de "sobresaliencia" que otros; y de seguir especializando, se profundizaría en dicho diagnóstico. Este fenómeno no es nuevo, pues ha prevalecido en los deportes. Porque primero se masifican, se detectan posibles talentos y estos van pasando más filtros, hasta llegar al profesionalismo; de ahí al profesionalismo de alta competencia e, incluso, al profesionalismo que representa a una nación en una competencia internacional de alta demanda competitiva.

Lo que hay que destacar es que los van filtrando por el hecho de ser considerados; en alguno de los filtros ya son sobresalientes. Porque no todos los sobresalientes podrán llegar a la hiperdotación, hablando del Modelo de Manzano.

Para finalizar este recorrido histórico, tenemos la clasificación de la sobredotación propuesta por Pacho, Gema (2016):

| Tabla 7. Tipología de la sobredotación de Pacho | |
|---|---|
| Diversidad atendiendo al cociente intelectual y a la inteligencia creativa | Superdotados con alta inteligencia y baja creatividad. |
| | Superdotados con alta inteligencia y creatividad. |
| | Superdotados con baja inteligencia (CI en torno a 120) y alta creatividad. |
| Diversidad atendiendo al medio ambiente | Superdotados de medio privilegiado. |
| | Superdotados de medio desfavorecido. |
| Diversidad atendiendo a dificultades personales | Superdotados con discapacidades físicas o psíquicas. |
| | Superdotados con síndromes evolutivos diferentes. |
| Fuente textual: Pacho Jiménez (2016). | |

Esta clasificación reconoce la diversidad existente en los sobredotados, partiendo de que no todos son iguales, ni tendrían por qué serlo, sino que hay condiciones que los hacen diferentes y que pone en jaque las metodologías mundiales de detección, que no consideran esta gama.

Bajo este recorrido que he ido mostrando, puedo demostrar que existe un espectro de la sobredotación en múltiples excepcionales que no se engloba en un sólo campo o dominio específico, sino que recorre todo el actuar humano; pero sin esperar que un sujeto sea sobredotado en todo ese actuar. Por lo que es necesario reconocer que cada sujeto con sobredotación tiene un perfil específico que podría manifestar en una o algunas características de alguno de los postulados que he ido presentando, dentro de límites difusos y no restrictivos para una o muchas categorías rígidas del pensamiento.

Debo decir que el espectro de la sobredotación permite dar a conocer que no todos los alumnos sobresalientes, sea cual sea la esfera de dominancia, son iguales. Estas variantes permiten decir que en la sobredotación existe una amplia diversidad aún sin explorar.

Puntualizaré lo que he hablado, al momento, sobre el espectro de la sobredotación mediante las siguientes premisas:

1. El espectro de la sobredotación (Es) se construye en una Realidad subjetiva (Rs). En la cual se pone de manifiesto lo que la sociedad reconoce como Personalidad sobresaliente (Ps) dentro de un Grupo humano específico (Ghe).

$$Rs = Ps \ Ghe$$

2. Sobre la Personalidad sobresaliente (Ps), a pesar de que es compleja en características, muchos estudios apuntan a que hay tres rasgos caracterológicos a considerar: un toque de locura (Lladó, 2006) (L), el concepto de Inteligencia (Najmanovich, 2008) (I), más allá del reduccionismo psicométrico, y la melancolía (McCadden & Durand, 2016) (Me). A esto se deben sumar los diversos elementos que el observador conceptualice (Eo).

$$Rs = Ps \ Ghe$$

3. El espectro de la sobredotación (Es) ha sido regido por una construcción de ilusión objetiva (Cio). En donde el Proceso de detección (Pd) está regido por un Estándar de medición arbitrario (Ema).

$$Cio= Pd \ / \ Ema$$

4. El espectro de la sobredotación (Es) sucumbe a cortes históricos (Ch). Por lo que los sobredotados, hablando de los dichosos Perfiles de sobredotación (Ps), existen en el tiempo (T) de forma sincrónica y asincrónicamente para aquellos casos excepcionales, como lo son Freud, Sócrates, Descartes...

$$Ch= Ps \ / \ T$$

5. Entonces, para hablar sobre el espectro de la sobredotación (Es), debemos reconocer que es un constructo que está atrapado por la Realidad subjetiva (Rs) y la Construcción de ilusión objetiva (Cio), que, a su vez, está atravesada por Cortes históricos (Ch).

$$Es=Rs \ Cio \ / \ Ch$$

Mi teoría apunta a que la sobredotación no existe de forma natural o con elementos genéticos, sino que se construye en diversos cortes históricos por necesidades sociales y culturales.

# Capítulo 2

## Releyendo la propuesta de 2006

### 2.1   La definición operativa

En el período comprendido de 2019-2021, el área Técnico-pedagógica de la Dirección de Educación Especial convocó a reuniones presenciales, y por videoconferencias, a docentes destacados en la atención de alumnos con aptitudes sobresalientes de cada Zona Escolar para conversar sobre los retos que se viven en la ejecución del programa. Cada zona aportó dos elementos.

La premisa que perseguíamos fue que era mejor conocer de viva voz de los actores cómo se vivía el proceso de detección e intervención para construir, en común acuerdo, una propuesta estatal mediante el rescate de sus inquietudes sobre el tópico.

Debemos mencionar que, si bien la mayoría cumplía con el perfil, hubo casos donde no se respetó la solicitud inicial, pero durante las jornadas de trabajo aportaron datos interesantes que fuimos incorporando.

Desde el primer día partimos del supuesto. Nadie es experto, sólo venimos a compartir nuestras inquietudes sobre el tema, con miras a construir algo novedoso. Esto generó sinsabores en los participantes, pues estaban acostumbrados a ser convocados para decirles qué debían hacer, y no tanto a ser escuchados sobre lo que estaban haciendo. Muchas voces sonaron, expresando que estaba bien ser escuchados, pero cuando regresaran a sus zonas escolares y les pidieran replicar lo que estábamos haciendo, ellos no iban a saber qué hacer. Lo curioso es que jamás hablamos de que tenían que replicar cosa alguna, y si lo hicieron fue por su insistencia, al ser cuestionados en sus centros de trabajo sobre lo que habían hecho al reunirse con nosotros.

En cada uno de los encuentros, que en total fueron cinco, se buscó conocer cómo interpretaban el proceso de detección e intervención y sus observaciones en relación con la bibliografía institucionalizada del tema, mediante el formato de taller y con docentes invitados que hablaban sobre cómo estimular la creatividad de los docentes para estimular la creatividad en los alumnos, siendo un hallazgo importante que los docentes de Educación Especial de Tabasco expresaron que desconocían la letra de la *"Propuesta de intervención: Atención educativa a alumnos y alumnas con aptitudes sobresalientes"* (SEP, 2006).

Es más, algunos se admiraron de saber que existía un libro, pues ellos sólo aplican lo que sus superiores les expresan que se debe hacer para detectar e intervenir cuando un posible caso aparece, sin cuestionar el origen de los procesos y la definición operativa de los alumnos con aptitudes sobresalientes, ya que presuponen que se desprende de la propuesta oficial de intervención. Es decir, la gente trabaja un programa que no ha leído, pero expresa seguir los lineamientos del mismo. De cierta manera han aplicado un símil de teléfono descompuesto para detectar e intervenir a estos alumnos, quienes han resultado los más afectados.

Con lo cual, el primer supuesto teórico que el área técnico-pedagógica tenía, cuando me invitó a participar, se disipó; el cual sostenía que los docentes aplican mal el proceso de detección de alumnos AS. Y es que no pueden aplicar mal algo que no conocen de forma directa, sino que aplican las interpretaciones que cada Zona Escolar hace al proceso de detección.

Dicho de otro modo, todas las Zonas Escolares del Estado de Tabasco han modificado el proceso de detección de los alumnos con aptitudes sobresalientes, las cuales están girando sobre sus propias percepciones de lo que consideran sobresaliente. Por esta razón, para seguir deconstruyendo para construir la propuesta, tenemos que releer el documento de 2006 y su integración a las normas de Control Escolar. No con el carácter de canonizarlo, sino para decirlo y desdecirlo desde las nuevas exigencias sociales del mundo, y, con ello, buscar el pretendido enfoque pedagógico del Programa AS y la descarga administrativa para sus operarios.

Para comenzar esta relectura revisemos la definición operativa de un alumno con aptitudes sobresalientes, la cual fue transcrita textualmente de las normas de Control Escolar como:

(…) aquel o aquella que destaca significativamente del grupo educativo y social al que pertenece en uno o más de los siguientes campos del quehacer humano: científico-tecnológico, humanístico-social, artístico o de acción motriz. Estos alumnos por sus características presentan necesidades específicas y pueden presentar necesidades educativas especiales dependiendo del contexto y de la atención educativa que se les brinde. Para potencializar sus capacidades y satisfacer sus necesidades e intereses se requiere de apoyos complementarios escolares y extraescolares.

(Secretaría de Educación Pública, 2020)[23].

Para ayudar a la comprensión de este concepto revisaremos cómo se analizaban sus componentes principales por separado en 2006 (ver tabla 8):

---

[23] Este concepto ha estado vigente desde el año 2006.

**Tabla 8. Elementos de la definición operativa de alumnos AS**

| Elemento | Definición | |
|---|---|---|
| Aptitudes | (...) Las capacidades naturales de los individuos, que se desarrollan como fruto de experiencias educativas en la familia, en la escuela o en la comunidad y que, en condiciones adecuadas, permiten funcionar con dominio y eficacia para satisfacer las exigencias planteadas por el grupo social y educativo de referencia, en por lo menos un campo de la actividad humana. Se considera que son naturales, no por haber sido heredadas —aunque, en parte pueden serlo— sino porque se encuentran presentes en los alumnos con aptitudes sobresalientes, a pesar de que éstas no hayan sido formadas sistemáticamente en la escuela o fuera de ella.<br><br>(...) tienen un carácter dinámico, de modo que en un contexto facilitador pueden desarrollarse o, por el contrario, inhibirse, si no se cuentan con las condiciones adecuadas. En algunas ocasiones, suele suceder que las aptitudes no se hallen manifiestas en los momentos iniciales del curso escolar, ya que pueden revelarse u ocultarse en distintos momentos y situaciones. | |
| Capaces de destacar significativamente | (...) se refiere a la manera en que un alumno/a expresa una o más habilidades que pueden ser observadas de forma cualitativa o cuantitativa, tanto en sus desempeños como en sus productos, siempre teniendo como referencia un contexto determinado. | |
| Grupo social y educativo | (...) al contexto específico en donde se desenvuelve el alumno (familia, escuela, grupo escolar y comunidad). En el momento de la detección, el grupo social y educativo del alumno son un punto de referencia muy importante para valorar el grado en que el alumno sobresale, comparado con sus compañeros de clase. Igualmente, se deben tener en cuenta las condiciones de su contexto social y cultural, ya que constituyen un marco para la comprensión de los resultados alcanzados. | |
| Campos del quehacer humano | Científico-tecnológico | (...) se incluyen las áreas lógico-matemáticas: física, química, biología y geografía, entre otras. (...) estas áreas de dominio pueden ser complejas o simples, según el número de habilidades o aptitudes comprometidas en su manifestación. |
| | Humanístico-social | Contempla las áreas de las Ciencias sociales, educación cívica y ética, entre otras, y se refiere a aspectos como el estudio de la cultura (ideales, valores, religión, creencias, tradiciones), los acontecimientos y problemas sociales. Esta capacidad comprende la inteligencia interpersonal, que se refiere a la capacidad para discernir y responder a sentimientos y motivaciones de otros; y la inteligencia intrapersonal, que es la capacidad que nos permite formar un modelo preciso y verídico de nosotros mismos, así como utilizar dicho modelo para desenvolvernos de manera eficiente en la vida. Se fundamenta en tres capacidades: capacidad de percibir las propias emociones, capacidad de controlarlas y capacidad de motivarse a sí mismo. |
| | Artístico | Se incluyen la expresión (posibilidad de manifestar de forma personal las experiencias, lo que uno piensa y siente) y apreciación (relacionada con el desarrollo de la mirada y de la escucha, integrando capacidades perceptuales y reflexivas con la sensibilidad y emotividad) de las siguientes áreas: musical, corporal y danza, plástica (dibujo, pintura, escultura, grabado) y teatro. Se refiere a la manifestación del gusto, la sensibilidad, el disfrute, la habilidad, la destreza o facilidad en la expresión de los lenguajes mencionados. |
| | Acción motriz | Comprende expresiones de la actividad física como los juegos motores, las actividades físicas y los deportes educativos. Las cuales tienen que ver tanto con la estimulación y mejora de aptitudes cognoscitivas, motrices y físicas, como con la adquisición y desarrollo de actitudes adecuadas en los ámbitos efectivo y social. |
| Necesidades específicas | (...) debido a sus características personales —tales como conocimiento sobre uno o varios temas, vocabulario e intereses marcadamente diferentes que el resto de sus compañeros— necesidades que, si no se atienden oportunamente, pueden derivar en necesidades educativas especiales. (...); se pueden propiciar conductas antisociales que lo conviertan en un alumno retraído y con pocos amigos. Por otra parte, si el maestro o la familia sobrevaloran sus capacidades, éste puede sentirse presionado, crearse expectativas más elevadas y, a su vez, frustraciones. | |
| Contexto facilitador | (...), el contexto debe ser desafiante para el alumno, es decir, que esté planteado de tal forma que le represente un reto estimulante e interesante a resolver, y no que sea fácil o imposible de solucionar de forma que ocasione frustración, desmotivación o desinterés. | |

**Fuente textual: SEP (2006)**

De esta concepción se derivan cinco esferas de personalidad, similares a las que Gagné (1985, 1991) propuso en su Modelo Diferenciado de Sobredotación y Talento [24]. Dichas esferas son:

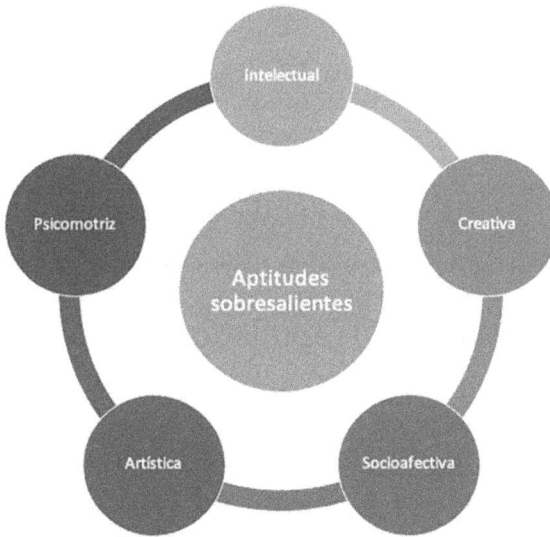

La primera esfera fue la aptitud intelectual, la cual fue definida como:

> (…) la disposición de un nivel elevado de recursos cognoscitivos para la adquisición y el manejo de contenidos verbales, lógicos, numéricos, espaciales, figurativos y otros, propios de tareas intelectuales.

> [Los alumnos de este tipo de aptitud] (…) tienen [un] alto potencial de aprendizaje, especialmente en las áreas de su interés; aunque no se descarta la posibilidad de que puedan tener un rendimiento por debajo de sus posibilidades debido a la influencia de otros factores, por ejemplo, la carencia de un ambiente escolar estimulante y adecuado.

(SEP, 2006)

---

[24] Gagné las conoce como dominios de aptitud y son intelectual, creativa, socioafectiva, perceptual motora y otros.

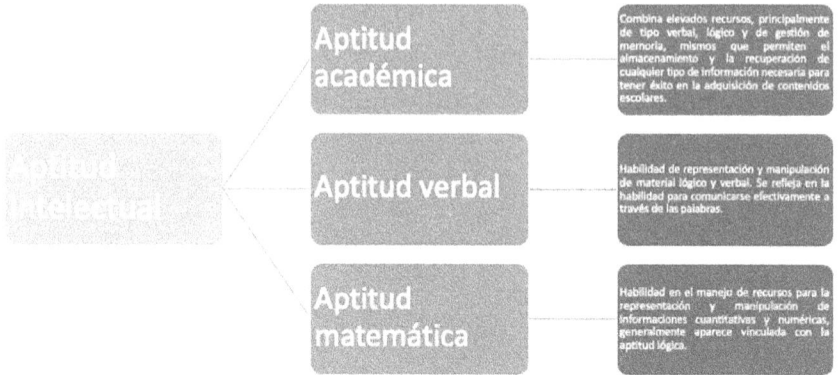

| Aptitud académica | Combina elevados recursos, principalmente de tipo verbal, lógico y de gestión de memoria, mismos que permiten el almacenamiento y la recuperación de cualquier tipo de información necesaria para tener éxito en la adquisición de contenidos escolares. |
| Aptitud verbal | Habilidad de representación y manipulación de material lógico y verbal. Se refleja en la habilidad para comunicarse efectivamente a través de las palabras. |
| Aptitud matemática | Habilidad en el manejo de recursos para la representación y manipulación de informaciones cuantitativas y numéricas, generalmente aparece vinculada con la aptitud lógica. |

**Fuente:** Información extraída de la Propuesta de intervención: Atención educativa de alumnos y alumnas con aptitudes sobresalientes (2006).

La segunda esfera fue la aptitud creativa, la cual fue definida como:

"(…) la capacidad para producir un gran número de ideas, diferentes entre sí y poco frecuentes, lo que se concreta en la generalización de productos originales y novedosos como respuesta apropiada a las situaciones y problemas planteados por el medio" (SEP, 2006).

En la propuesta de 2006 se reconocía la implicación de tres procesos cognoscitivos:

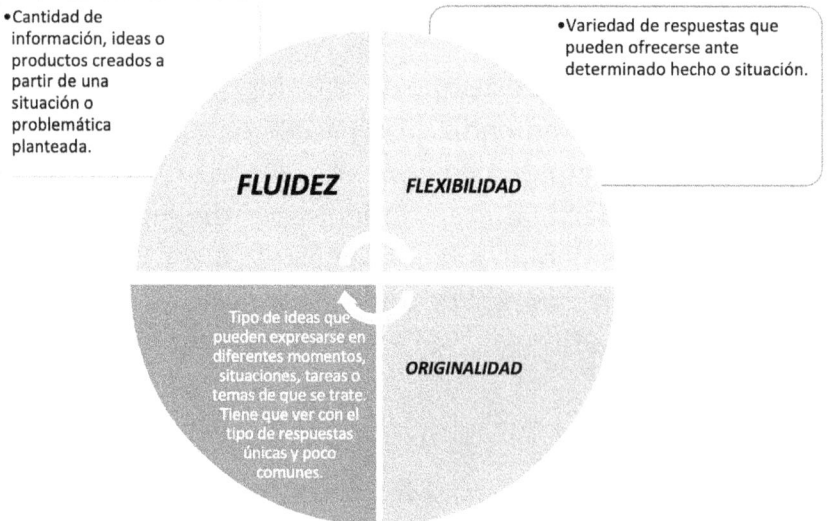

La tercera esfera fue la aptitud socioafectiva, la que fue conceptualizada como:

"(…) la habilidad para establecer relaciones adecuadas con otros, a partir del manejo y la comprensión de contenidos sociales asociados con sentimientos, intereses, motivaciones y necesidades personales" (SEP, 2006).

Se manifiesta de la siguiente manera:

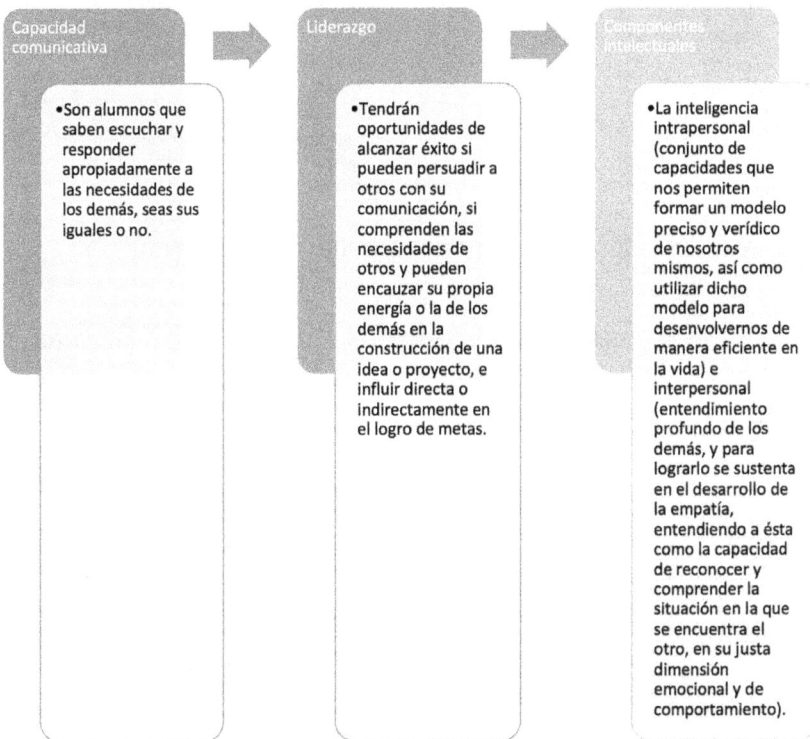

**Capacidad comunicativa**

- Son alumnos que saben escuchar y responder apropiadamente a las necesidades de los demás, seas sus iguales o no.

**Liderazgo**

- Tendrán oportunidades de alcanzar éxito si pueden persuadir a otros con su comunicación, si comprenden las necesidades de otros y pueden encauzar su propia energía o la de los demás en la construcción de una idea o proyecto, e influir directa o indirectamente en el logro de metas.

**Componentes intelectuales**

- La inteligencia intrapersonal (conjunto de capacidades que nos permiten formar un modelo preciso y verídico de nosotros mismos, así como utilizar dicho modelo para desenvolvernos de manera eficiente en la vida) e interpersonal (entendimiento profundo de los demás, y para lograrlo se sustenta en el desarrollo de la empatía, entendiendo a ésta como la capacidad de reconocer y comprender la situación en la que se encuentra el otro, en su justa dimensión emocional y de comportamiento).

La cuarta esfera, fue la aptitud artística la cual es:

"(…) la disposición de recursos para la expresión e interpretación estética de ideas y sentimientos, a través de diferentes medios, entre ellos, la danza, el teatro, las artes plásticas y la música" (SEP, 2006).

Se reconoce como el resultado de diversas capacidades, tales como:

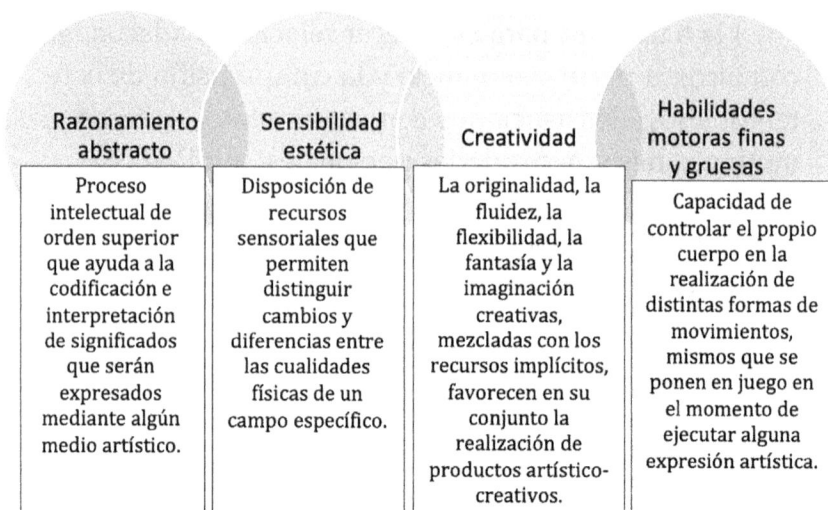

| Razonamiento abstracto | Sensibilidad estética | Creatividad | Habilidades motoras finas y gruesas |
|---|---|---|---|
| Proceso intelectual de orden superior que ayuda a la codificación e interpretación de significados que serán expresados mediante algún medio artístico. | Disposición de recursos sensoriales que permiten distinguir cambios y diferencias entre las cualidades físicas de un campo específico. | La originalidad, la fluidez, la flexibilidad, la fantasía y la imaginación creativas, mezcladas con los recursos implícitos, favorecen en su conjunto la realización de productos artístico-creativos. | Capacidad de controlar el propio cuerpo en la realización de distintas formas de movimientos, mismos que se ponen en juego en el momento de ejecutar alguna expresión artística. |

La quinta esfera fue la aptitud psicomotriz, la cual es:

"(...) la habilidad para emplear el cuerpo en formas muy diferenciadas con propósitos expresivos y para el logro de metas" (SEP, 2006).

Lo que se encuentra implicado en esta aptitud es:

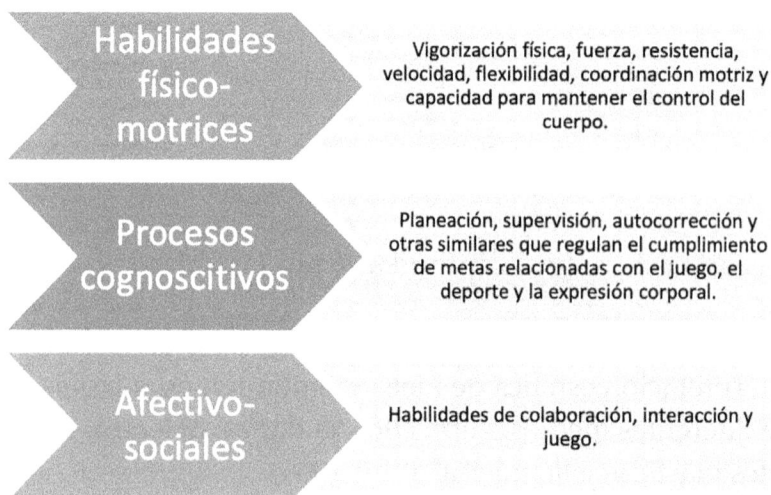

**Habilidades físico-motrices**
Vigorización física, fuerza, resistencia, velocidad, flexibilidad, coordinación motriz y capacidad para mantener el control del cuerpo.

**Procesos cognoscitivos**
Planeación, supervisión, autocorrección y otras similares que regulan el cumplimiento de metas relacionadas con el juego, el deporte y la expresión corporal.

**Afectivo-sociales**
Habilidades de colaboración, interacción y juego.

Como hemos podido observar, el modelo Diferenciado de Sobredotación y Talento ha sido, desde el 2006, la base teórica del programa de aptitudes sobresalientes en el país.

Dicho modelo ha generado controversias desde su enunciación como el punto teórico de arranque y sigue generando ciertas discusiones y especulaciones dentro de los operarios. Por ejemplo, en las reuniones con los docentes de educación especial que atienden alumnos con aptitudes sobresalientes se manifestaron tres ideas sobre esta construcción:

a.  Para que un alumno sea AS debe tener desarrolladas las cinco aptitudes, si no es así, no debe ser considerado dentro del padrón de atención. *Sic*.

b.  Un alumno AS puede ser bueno sólo en una esfera y por eso no se deben estimular las otras, pues es una pérdida de tiempo. *Sic*.

c.  Un alumno AS es bueno en un área, pero no sólo se le debe estimular esa área, sino las otras que no se tienen tan desarrolladas. *Sic*.

Lo anecdótico es que los docentes con mayor antigüedad en el servicio expresaron que los asesores pedagógicos que difundieron la temática de AS en sus zonas escolares, al inicio del programa, sostenían la idea de que un alumno AS tiene las cinco aptitudes. Esto generó que muchos alumnos no fueran considerados porque no destacaban en esas cinco esferas de aptitudes.

Mas, esto tiene una explicación teórica, desde la perspectiva de Gagné, la cual, al parecer, fue distorsionada. Gagné sostenía que un sujeto AS cuenta con cinco esferas de personalidad, las cuales lo hacen único. La unión de estas cinco esferas se debe analizar para entender al sujeto con sobredotación. Si bien, la esfera "otras" fue sustituida como "artística" por la SEP, Gagné dejaba abierto el análisis para aquellas posibilidades humanas no categorizables en ese momento histórico.

Por otro lado, en ningún momento expresó que el sujeto AS tuviera que destacar en las cinco esferas, pero reconocía la importancia de estimularlo holísticamente. Lo cual comparte Howard Gardner, quien expresa que es difícil hallar a un sujeto que sólo destaque en una capacidad humana de forma única o destaque en todas; de existir, estaríamos pensando en una rareza o monstruosidad.

Para resolver esta disyuntiva formativa debemos pensar en aptitudes dominantes y recesivas[25], es decir, **un sujeto puede destacar significativamente del grupo social al que pertenece en una, dos o hasta tres esferas de las aptitudes sobresalientes, y las otras funcionar como recesivas, no importando el campo de quehacer humano en el que se demuestren dichas peculiaridades.**

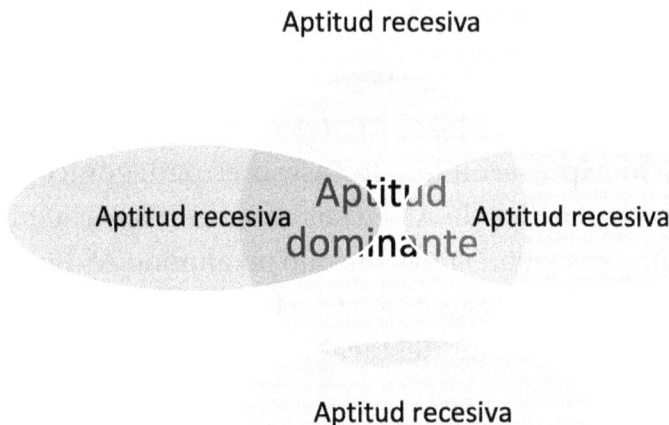

Aptitud recesiva

Aptitud recesiva    Aptitud dominante    Aptitud recesiva

Aptitud recesiva

---

[25] Estos conceptos los ha promovido el Mtro. David Alberto Valencia Hernández en diversas cátedras y talleres sobre el tema de aptitudes sobresalientes.

Ante esto, analicemos al futbolista portugués Cristiano Ronaldo, "CR7". De forma evidente demuestra como aptitud dominante la psicomotriz, pero podemos apreciar, en especial en el periodo con el Real Madrid y su selección nacional, cómo juegan las aptitudes recesivas en su capacidad de liderazgo que enmarca la aptitud socioafectiva; su creatividad para realizar jugadas que despiertan la ovación de los aficionados (aptitud creativa), la cual para algunos posee dotes artísticos, es especial aquella chilena estilística en el *UEFA Champions League* (aptitud artística), y una alta sagacidad para resolver los problemas que en el partido se van presentado (aptitud intelectual). Todas sus aptitudes tienen juego para configurar su personalidad única en esta unión de aptitudes dominantes y recesivas.

Mas no todos los futbolistas las desarrollan igual o están obligados a desarrollarlas de esa forma. Estas disparidades, más que verse como deficiencia, deben verse como otras formas de personalidad en el espectro de sobredotación.

Otro ejemplo es Pablo Molina, un actor con Síndrome de Down, quien evidentemente cuenta con las aptitudes artística e intelectual como dominantes. Esto se aprecia en diferentes películas y las conferencias sobre su vida que imparte, las cuales rasgan en respuestas con tintes de creatividad, emotividad y psicomotricidad, pensando en el terreno de lo recesivo. Este caso en particular, él nos muestra como la discapacidad intelectual no es un impedimento para que un sujeto sea considerado con aptitud intelectual dominante.

Tal vez existan algunos detractores que coloquen la duda de si deberíamos sostenerlo en la parcela de la discapacidad intelectual por sus manifestaciones, incluso yo me sumaría a esa duda, pero para el terreno que quiero mostrar es un personaje extraordinario, pues nos muestra que la población con discapacidad, en el discurso de la doble o múltiple sobredotación, no debe ser encasillada, exclusivamente, al deporte o al arte.

Con estos dos personajes puedo explicar el esquema del binomio sobredotación/talento:

| Sobredotación | ➡ | Talento |
|---|---|---|

La sobredotación es el potencial que un sujeto posee, el cual, con la instrucción, formal o informal, puede derivar en un talento. Aunque hay casos en los cuales no ocurre, es decir, no es axiomático. "La relación entre las aptitudes sobresalientes y el talento, consiste en que el talento implica necesariamente la presencia de aptitudes sobresalientes. Es decir, un alumno talentoso siempre tiene aptitudes sobresalientes; sin embargo, no todos los alumnos sobresalientes desarrollan un talento" (SEP, 2021:4).

El secreto de este esquema es la flecha direccional, la cual atribuye la labor del desarrollo del talento a un agente externo que va formando al sujeto.

En el terreno de lo formal posicionaríamos a la escuela, y en lo informal, a esas otras opciones que ayudan a la formación del sujeto, las cuales no cumplen con un currículo validado por algún ministerio o Secretaría de Educación.

Siendo más claro, en el terreno de lo formal hay un sujeto que aprende en una escuela de música a ejecutar un instrumento tras haber recorrido un currículo diseñado para eso; por otro lado, hay otro que tenía a un familiar o un amigo que ejecutaba un instrumento y le enseñó; y, en un caso más, un niño se encuentra ese instrumento tirado en la calle y sin maestro aprende a ejecutarlo.

Los tres ejecutan el instrumento, pero la manera de formarse siguió veredas diferentes. Ante estos hechos, algunos puristas demeritarán a unos y ensalzarán a otros, analizando las realidades contextuales, económicas, etc.; pero se manifiesta que antes debió existir algo que hizo posible que el talento pudiera cristalizarse.

Incluso algunos son notados como talentosos ya cuando el talento se manifestó, porque, como la limitada mirada al detectar no permitió apreciar el potencial antes, pudo pasar desapercibido en los años previos o incluso niveles educativos completos. Esto último ha generado una discusión interesante: ¿primero fue talentoso o sobresaliente? Para ser más claro, la flecha puede ser cualquier cosa. No debemos limitarla a personas, instituciones, hechos fortuitos, eventos, accidentes, sino que debemos reconocer que existe "n" cantidad de posibilidades, que simplemente están o no están para el desarrollo de la sobredotación hacia el talento.

En uno de los casos previos, hay quienes dicen que CR7 es el producto del entrenamiento obsesivo y no una manifestación de sobredotación. En otras palabras, es un monstruo creado por la disciplina deportiva. Ante esta realidad: ¿eso demerita su talento?

Pero esta discusión es la que se lee en la escuela cuando un alumno manifiesta ciertos elementos sobresalientes. No es tan extraordinario escuchar el comentario del "experto" diciendo que no es sobresaliente, sino un chico que ha recibido demasiada estimulación. Como si la estimulación fuera un error, un pecado, una herejía, sin siquiera cuestionarse que la estimulación es la obligación de la escuela. La escuela debe estimular a los alumnos en general y, en esa estimulación, ayudar a fecundar los talentos en aquellos que poseen sobredotación. Así como reconocer que existen otros agentes que pueden estar favoreciendo la estimulación, sin que ello demerite lo obtenido por el sujeto que la recibe. Es más, en momentos históricos como este, todos los niños reciben diversas fuentes de estimulación y no todos generan la misma formación.

En lo que hay que hacer énfasis es que el reconocimiento de la sobredotación en niños, adolescentes, jóvenes o adultos no siempre tiene que ver con ellos, sino en la alta o nula habilidad de quien hace el diagnóstico y la intervención.

Mas el talento no es el último espacio de este recorrido de formación o desarrollo del sobredotado. Si bien, en el binomio sobredotación-talento juegan los factores personales y sociales para cristalizarlo o no, no termina de explicar el recorrido de desarrollo para ciertos individuos. Por eso decidí crear un trinomio, en el cual se incorpora la genialidad:

Sobredotación ➡ Talento ➡ Genialidad

En la genialidad operan otros factores que no dependen del individuo. A diferencia de la sobredotación y el talento, la genialidad no puede ser atribuida por nacimiento o creación, sino por la relevancia de la obra del talentoso a un grupo humano o a la humanidad.

Para ser específico, la genialidad es otorgada por aquellos que aprecian la trascendencia de la obra. Curiosamente, muchas veces, dicha apreciación se otorga *post mortem*. Incluso algunas de esas obras fueron desacreditadas por dar respuesta a preguntas que la sociedad, en la que fue formulada la obra, ni siquiera se había realizado, siendo común que antes de ser llamados genios recibieran el mote de locos. Hecho que genera que la flecha que une al talento con la genialidad sea el simbolismo de la reivindicación.

Ejemplos hay de sobra, pero quiero enfocarme en Nikola Tesla (1856-1943), quien es un personaje que está viviendo este proceso. Muchos de sus inventos sobre la manipulación de la electricidad fueron considerados una locura; esto sumado a que expresó que existían ondas de energía que viajaban en el mundo y que se conectaban a su cerebro, revelando los inventos que debía hacer. Sólo le faltaba construir el aparato que ayudara a codificar esa electricidad en información para que todos tuvieran acceso a ella.

Declaraciones como esta lo llevaron a perder el reconocimiento de la comunidad científica en ese momento histórico, lo que lo llevó a morir en completa soledad y pobreza.

Hoy en día, gracias a escritos como ese, la conectividad por Wi-Fi es posible; así como otras invenciones que favorecen la vida moderna. Incluso, hoy, muchos científicos luchan por continuar desarrollando proyectos inconclusos de Tesla.

Con esto quiero decir que algunas teorías llegan antes de que la sociedad esté lista para ellas. O, dicho de otra manera, los genios llegan antes de ser reconocidos como genios, y hasta que la sociedad lo reconoce como genio deja de ser loco.

Para recapitular sobre lo versado al momento:

- El grupo social es que el hace evidente la sobredotación de uno o más de sus miembros.

- El desarrollo del espectro de sobredotación recorre diversos caminos, estilos y personalidades.

- Sobre la conformación de la personalidad del alumno con sobredotación habrá que reconocer la existencia de aptitudes dominantes y recesivas.

- La visión binómica no es suficiente para analizar el desarrollo de un sujeto con espectro de sobredotación. Por eso es necesario pensar en el trinomio: Sobredotación-Talento-Genialidad (todo inicia en la sobredotación; confluye, o no, en talento, y éste concurre, o no, a genialidad para algunos cuantos).

## 2.2. La discrepancia de la teoría con la instrumentación

Al igual que al concepto operativo, es necesario darle relectura al procedimiento de detección de la propuesta de 2006, el cual, en años posteriores, fue asumido en las normas de Control Escolar como reglamentario.

Este procedimiento ha sido revisado en diversas investigaciones a nivel nacional y estatal para conocer el impacto que está generando en los alumnos AS (o con espectro de sobredotación) de diversos contextos. Lo cual motivó a la Dirección de Educación Especial del Estado de Tabasco, que encabeza la Mtra. María Felicita Pérez Cruz, junto con el encargado del Departamento Técnico Pedagógico, el Mtro. Ricardo López Frías, a proyectar una investigación interna que mostrara la radiografía de la atención de los alumnos. Fue ahí que ambos decidieron invitarme; tras revisar que soy investigador independiente y catedrático de nivel posgrado sobre la temática de alumnos sobresalientes.

El primer contacto para este trabajo fue en el VIPS de Guayabal, con el Mtro. Ricardo Frías, una noche de viernes, cuando finalicé mi cátedra. En ese primer encuentro compartí lo que había investigado en mi tesis de maestría en relación con los alumnos AS y qué pensaba que se pudiera hacer. En un inicio pensé que la reunión era para que ellos tuvieran un diagnóstico rumbo a la puesta en marcha de alguna política educativa; mas no imaginé que me invitarían a coordinar un relanzamiento dentro del estado de este programa.

Ricardo externó que tenía la visión de reunir a los docentes con experiencias exitosas en la atención de alumnos AS de su nivel para hacer un diagnóstico propio, pero no quería que esto finalizara en dicho diagnóstico, sino que ayudara a generar una propuesta que diera respuesta al contexto tabasqueño.

Fueron enfáticos en que no habría paga, pues no contaban con recursos. Sin embargo, los resultados que se derivarán quedarían abiertos para que yo los pudiera publicar como parte de mis investigaciones. A mí me pareció razonable.

En esa misma reunión, Ricardo externó que los docentes exitosos podrían ser convocados las veces que yo considerara necesarias.

Propuse un formato de actividades diversas que permitiera la producción oral y escrita, que serviría como base para conocer qué pasaba de forma interna con el programa. De forma lateral, la Dirección invitaría, en dos sesiones, al Dr. Roberto Velázquez Pacheco y el Mtro. Gabriel Ramón Hidalgo para que hablaran sobre la creatividad y las características de un alumno con aptitudes sobresalientes. Ambos lideraron el programa de aptitudes sobresalientes en el estado cuando éste arrancaba. Además del encuadre del trabajo, por parte del Mtro. Ricardo Frías, en cada una de las sesiones, para dar a conocer las normas de Control Escolar vigentes asociadas al tema de alumnos AS.

Expresé que no había inconveniente, pues nos ayudaría a plantear que los mecanismos existentes deben ser revisados por los cambios sociales que han arropado a los menores de edad; así como reconocer que la normatividad dice el qué, mas deja abiertos los cómo para tropicalizarlos.

Fue así como llegamos al acuerdo del arranque de la investigación el 10 y 11 de diciembre de 2019. Asistieron 39 docentes con diferentes funciones de todas las zonas escolares, a quienes se les pidió la autorización de publicar sus nombres para dar validez de estos encuentros de investigación. A continuación, comparto el listado de los asistentes:

| Tabla 9. Informantes de la investigación | |
|---|---|
| **Nombres** | |
| Rosaura Ovando Hernández | Ana Guadalupe Luna Calderón |
| Adriana Ramón de la Cruz | Martha Icela Chan Mex |
| Yeseni Atziri López Brito | Melina Torres Aguilera |
| Guadalupe Correa Alcudia | Dulce Olivia Hernández Gutiérrez |
| Patricia Ivonne Betancourt Sabatini | Ninive Siomara González León |
| María Conchita Bautista Ocaña | Nidia del Carmen Olive Sastre |
| Rafael Enrique García López | Elizabeth Arias Rojas |
| Suemi Paola Pérez Collado | Beatriz Eugenia Escudero Jiménez |
| Martha Ortíz Jiménez | Landy Carrillo Carrillo |
| Teresa Iglesia Ruiz | Mayra Isabel Zurita Guzmán |
| Antonia de la Cruz V. | Natividad de Jesús López Méndez |
| Teresa Liney Méndez Alvarado | Nathaly Tobías Ruiz |
| Deborah Calderón | María del Carmen Montejo Zapata |
| Diana Guadalupe Solís Herrera | Jeny Merik Muñoz Aguilar |
| Rocío Cabrera Morales | Leticia Jiménez Oliva † |
| Martha Castillo Morales | Jesús Emmanuel Reyes Cuevas |
| Mary Cruz Díaz Gómez | Pedro Francisco Vázquez Silván |
| Francisco Javier León Hernández | Dr. Roberto Pacheco |
| Mtro. Gabriel Ramón | Mtro. David Arturo León |
| Mtra. Indillari Tejero Ovando | |

En total se llevaron 10 encuentros: cuatro presenciales y seis en las plataformas de Google Meet y Zoom; el último ya en medio de la pandemia.

Lo obtenido en estas sesiones concordaba con las investigaciones previas. En un punto central, los docentes de educación especial que aplican el programa de aptitudes sobresalientes desconocen el programa de 2006 y las normas de Control Escolar vigentes. Este desconocimiento lo desglosé en los siguientes subapartados.

## 2.2.1 Se prioriza la detección, en vez de la intervención

Los equipos de Educación Especial (USAER y CAM) priorizan la detección y no la intervención (Valencia & Escalante, 2014).

Esto se debe a que el proceso de detección es desgastante para los actores educativos por la cantidad de pasos administrativos que se requieren para atribuir o negar la aptitud sobresaliente de algún alumno(a), dejando la estimulación de la posible aptitud sobresaliente fuera del acompañamiento o culminación del proceso de detección. Es decir, el alumno sólo es detectado, pero no recibe intervención. Lo cual se opone a lo que Javier Tourón, especialista en el estudio de la Alta Capacidad de la Universidad de Navarra, propone:

> El talento no emerge de manera espontánea, es necesario estimular su desarrollo, por ello, identificar el potencial de los alumnos con altas capacidades es imprescindible para ayudarles a crecer. En nuestro sistema educativo la inmensa mayoría de los alumnos con altas capacidades está sin identificar y sin identificación no hay intervención y sin intervención no hay desarrollo.

> (Citado por Ortuño, 2015)

Esto nos hace visibilizar que es importante la detección, pero más la intervención que le acompañe, porque si no, estaríamos forjando la ilusión de que la atribución de la condición de aptitud sobresaliente es la respuesta educativa, y que es responsabilidad de los padres de familia buscar, de forma exógena al sistema educativo, el escenario donde se desarrolle este potencial latente. "Este tipo de situaciones merman las expectativas de los aquellos alumnos con altas capacidades procedentes de familias modestas o de clase media, con pocos recursos y se crea un elitismo queriendo evitarlo" (Ortuño, 2015).

Todo esto bastaría en un mundo ideal, si no existieran escenarios de desigualdad tan marcados en nuestra entidad; en los cuales, los padres de familia de zonas indígenas en situación de pobreza extrema, o radicados en comunidades sin acceso a una amplia gama de servicios, son quienes tienen que buscar esos apoyos institucionales fuera de la escuela.

### 2.2.2. El desarrollo de las infancias se encuentra en transición

Las infancias de los niños se encuentran en transición (Barojas, 2019). Tras dos décadas de cambios tecnológicos, climáticos, de salud, modelos socioeconómico-político-laborales y sincretismo cultural, el mundo no es el mismo, por lo que el desarrollo de los niños, adolescentes y jóvenes está cambiando; se están ajustando a las nuevas exigencias del medio.

Si bien, la parte biológica cumple los procesos que se han estudiado en la historia del desarrollo, la parte cultural que arropa dicho desarrollo y que lo moldea, está trastocada. Es necesario comenzar a documentar el nuevo desarrollo de las infancias.

Es destacable recordar que la cultura construye a los sujetos, o sea, hace que nos adhiramos a formas y estilos de vida específicos, según el grupo humano en donde el individuo crezca. No está por demás decir que es un error limitar el estudio del desarrollo a las cuestiones biológicas, por eso, en un mundo cambiante, las condiciones de desarrollo que se dan en cada cultura están en constante movilización.

Como ejemplos de estos cambios culturales podríamos pensar que cuando estaba naciendo el programa AS no era común entrar a las discusiones de la adopción de las familias del mismo sexo, las marchas feministas exigiendo el alto al feminicidio, la masificación de la educación a distancia por una pandemia global, el uso de las redes sociales, el impacto del cambio climático, el cambio del comercio presencial al virtual, etcétera. Hoy, los hitos culturales están permitiendo debatir aquello que hace más de dos décadas era impensable. Las construcciones familiares han cambiado y, por consiguiente, las normativas no escritas de las familias son diversas; algunas más abiertas u otras más cerradas en ciertos temas.

Estos cambios en y con las familias, por las nuevas construcciones macro-culturales, están permitiendo el surgimiento de nuevos desarrollos en las infancias, adolescencias y juventudes.

Incluso la pandemia por COVID-19 nos ofrece un enigma enorme en el estudio del desarrollo, pues este cambio radical de la socialización humana, que pasó de lo presencial a lo virtual, deberá ser estudiado con detenimiento para conocer cómo movilizará las futuras formas relacionales de los infantes.

Si bien, hay que reconocer que antes de la pandemia por COVID-19 ya existían investigaciones sobre las nuevas formas de socializar en niños, adolescentes y jóvenes, seguíamos sosteniendo la visión de que las tecnologías de la comunicación limitaban ese proceso, pues lo presencial era lo esencial.

De modo que este "canje" de información que circula a través de las TIC se pone al servicio de los procesos de socialización de los jóvenes, dadas las opciones que les ofrecen para compartir y participar. Así, por ejemplo, en torno a la circulación de datos sobre aplicaciones, juegos, música, etc., se van tejiendo relaciones en las que los jóvenes, además de adquirir y perfeccionar sus habilidades y competencias, interactúan, ensayan papeles y van configurando su identidad. De igual manera, este tráfico constante de información conlleva el intercambio de bienes, creencias y costumbres, y propicia la interacción con personas de diversas culturas y, quizás, el redescubrimiento del sentido de la comunidad (Targino, 2008). Claro está, que estos procesos están llenos de tensiones, incertidumbres, encuentros y desencuentros, y pueden promover el surgimiento de identidades fragmentadas (Mejía, 2010), lo que constituye un gran reto tanto para los jóvenes como para los adultos. En gran medida, sus efectos tendrán que ver con los valores que prevalezcan en las familias y en la sociedad, las estrategias educativas y las políticas públicas que se desarrollen en cada contexto, entre otras acciones, lo que indudablemente estará determinado por la mirada constructiva con que se acerca al fenómeno.

(Pérez Sierra, Hincapié Marín<br>& Arias Cardona, 2018)

Los autores incorporan, además, que:

Se observó que para los jóvenes comunicarse con otros, saber de sus experiencias y compartir las propias se asocia con el sentimiento de estar acompañado. De ahí que las ventajas que ofrecen las TIC, como conectarse desde diferentes dispositivos, lugares y aplicaciones, permiten que la comunicación pueda ser constante, lo que la convierte en un aspecto esencial en su vida diaria. Además, llamó la atención la importancia que los jóvenes le otorgaron a la comunicación con sus familiares, dado que con frecuencia se afirma que ellos tienden a excluirlos; y más aún, que las TIC han propiciado esta situación.

(Pérez Sierra, Hincapié Marín<br>& Arias Cardona, 2018)

Esto nos muestra que la socialización ya estaba caminando en otro sendero, como lo reafirman Pérez Sierra, Hincapié Marín & Arias Cardona (2018):

Esta conexión y reconocimiento apuntalan, en contraste con la noción de aislamiento de los jóvenes a partir del uso de las TIC, la idea de que estas "son soportes para su sociabilidad" (Morduchowicz, citado por Pol, 2014, p. 66); les dan sensación de pertenencia y sostén (Balaguer, 2008) y "de poder sobre el propio trayecto vital" (Erazo y Muñoz, 2007, p. 724). Además, les permite integrarse a sus grupos, al tiempo que van construyendo juicios, significados y su propia historia. Es decir, apoyan la configuración y la afirmación de su identidad, en momentos en que este proceso es clave para ellos. De ahí la importancia no solo de comprender los sentidos que los jóvenes atribuyen a sus procesos de socialización a través de las TIC, sino de trascender la actitud de censura para buscar el modo de potenciar la capacidad crítica e impulsar una cultura participativa online y offline, basada en la expresión libre y que promueva valores de igualdad, respeto y dignidad.

(Muros-Ruiz, *et al.*, 2013).

Es necesario dar mayor énfasis a que el fenómeno de las TIC ya había iniciado la transformación de eso que conceptualizamos como socializar. Ahora, tras la llegada del COVID-19, y con ello las actividades comerciales y educativas bajo el halo de la distancia y la conectividad masiva, están acelerando cambios en la subjetividad de esta generación, en particular, de los cuales debemos iniciar su documentación científica.

El mundo de la información e interacciones que se disponen para todos —niños, jóvenes y adultos— en el escenario de las TIC, transforma la idea de procesos de socialización secuenciales, dado que, desde edades muy tempranas, se entrecruzan las experiencias vividas en el ámbito familiar con las derivadas de estos medios (Lahire, 2007). Podría pensarse que su participación es cada día más activa e intensa en el proceso de socialización primaria (Berger y Luckmann, 2008). Paralelo a estas variaciones, se transforma el concepto de juventud como una etapa anclada a unos cambios biológicos y ambientales, para dar cabida a una noción que agrupa actores sociales que comparten unas características sociohistóricas, políticas y culturales (Lutte y Medrano, 1991). De ahí que la división entre nativos e inmigrantes digitales se hace cada vez más insuficiente para su comprensión.

(Alvarado et al., 2011, citada por Pérez Sierra,<br>Hincapié Marín & Arias Cardona, 2018)

Así como que:

(…) De acuerdo con esta metáfora de retroalimentación y continuidad entre el afuera y el adentro, es injustificada la división categórica entre virtualidad y realidad física, entre intercambios formales e informales como elementos independientes y enfrentados, y menos aún la referencia a la virtualidad como fenómeno inexistente e insignificante. Las TIC no son un artefacto separado de las sociedades, más bien son productos de las mismas, que vehiculizan lo que en ellas sucede, por lo que los fenómenos que tienen como escenario las nuevas tecnologías son un eco de las estructuras sociales en las que se asientan. En consecuencia, es necesario trascender la visión satanizadora de las TIC, para asumirlas como otros contextos legítimos en los que los jóvenes construyen su subjetividad y se relacionan con los otros.

(Alvarado et al., 2011, citada por Pérez Sierra,<br>Hincapié Marín & Arias Cardona, 2018)

Agrego:

Parte de este reto implica considerar el debilitamiento de los agentes tradicionales de socialización a partir del uso de las TIC (Chaparro-Hurtado y Guzmán-Ariza, 2013), que se conjuga en muchos casos con una comunicación constante con padres, profesores y medios, precisamente a través de estas tecnologías. Lo que en un principio puede leerse como una paradoja es una muestra de los continuos vaivenes y tensiones (Muñoz, 2010) que las TIC introducen en la vida cotidiana y en la visión que se tiene de sí mismo y de la sociedad.

(Pérez Sierra, Hincapié Marín
& Arias Cardona, 2018).

Por ejemplo:

(…) las tecnologías de la información, la comunicación y el entretenimiento, han dejado de ser asunto meramente instrumental para convertirse en estructural: la tecnología remite hoy no a la novedad de unos aparatos sino a nuevos modos de percepción y de lenguaje, a nuevas sensibilidades y escrituras, a la transformación cultural que implica la asociación del nuevo modo de producir con un nuevo modo de comunicar.

(Erazo 2009:15; citado por Pérez Sierra,
Hincapié Marín, & Arias Cardona, 2018).

Por lo que:

"(…) este nuevo modo de comunicar transforma, no sólo los modos de relacionarse, sino también los criterios éticos y estéticos a partir de los cuales se interactúa (Pérez Sierra, Hincapié Marín & Arias Cardona, 2018)".

La gran pregunta es: ¿hacia dónde está o estará transitando el desarrollo de estas generaciones tras la aparición de la COVID-19 y, en específico, en los alumnos con aptitudes sobresalientes?

### 2.2.3 La participación pasiva del equipo de Educación Especial en el proceso de detección y las implicaciones del género

Los especialistas de USAER/CAM sostienen un acompañamiento pasivo como pilar del proceso de detección. Hecho que no los implica o relaciona en el hábitat escolar común del alumno; manteniéndolos como extranjeros, extraños o externos de dicho hábitat.

Por lo que la entrega y espera de formatos de nominación libre con el docente regular los dista de apreciar la dinámica relacional, y con ello se pierde de vista las manifestaciones recurrentes o esporádicas que hiciera presente la aptitud sobresaliente a nominar en dichos menores. Que, dicho sea de paso, hay que reconocer que algunos alumnos con aptitudes sobresalientes ocultan sus capacidades (Gema Pacho, 2016):

> El número de alumnas es inferior al de alumnos, dadas las dificultades para la detección de niñas superdotadas. Si partimos del hecho de que la superdotación se distribuye similarmente entre niños y niñas, ¿por qué se identificó un número superior de niños que de niñas superdotadas? El cálculo de identificación realizado por otros autores, a escala mundial, es el de 2/3 de niños, frente a 1/3 de niñas.
>
> No sabemos con certeza a qué es debida esta diferencia de porcentajes entre ambos, pero consideramos que podría estar relacionado con el poco interés de las niñas por manifestar la superdotación o el talento y, por lo tanto, pudiera ser debido al factor encubrimiento. Con frecuencia, y a lo largo de esta investigación, he observado que estos niños tienden a no manifestar todo

lo que saben, o desearían saber, para no ser rechazados por sus propios compañeros.

Así que los docentes de USAER/CAM, al no implicarse de forma activa en el proceso de detección, no están apoyando a los docentes regulares para interpretar el factor de encubrimiento que los niños y las niñas con aptitudes sobresalientes están manifestando.

Por otro lado, se reconoce que un gran espectro poblacional no está siendo detectado, específicamente, las niñas con aptitudes sobresalientes. Por lo que a nivel internacional podríamos expresar que los programas existentes no están generando condiciones de equidad de género.

Mas, usted se preguntará: ¿y Tabasco? ¿Estará ocurriendo algo parecido? Bueno, para teorizar sobre ello mostraré los datos estadísticos del ciclo escolar 2020-2021 (SEP, 2021) relacionados con el universo de estudiantes que existen en el sistema educativo tabasqueño.

| Tabla 10. Datos estadísticos de alumnos del sistema educativo en Tabasco, modalidad escolarizada ciclo escolar 2020-2021 | | | |
|---|---|---|---|
| Nivel educativo | Total | Mujeres | Hombres |
| Educación Básica | 539,291 | 264,162 | 275,129 |
| Educación Media Superior | 111,107 | 55,042 | 56,065 |
| Educación Superior | 67,444 | 32,920 | 34,524 |

Si seguimos la estimación internacional de que al menos 2.5% de la población escolar podría presentar aptitudes sobresalientes, esta cifra se extrapolaría al sistema educativo tabasqueño. Por lo que en nuestra entidad deberíamos contar con un total de 13,482 alumnos con aptitudes sobresalientes en Educación Básica. Del mismo modo, como esta condición puede presentarse de forma equitativa entre hombres y mujeres, en Tabasco se deberían contar con un aproximado de 6,741 sujetos detectados para cada género.

La realidad, en temas de detección, nos dice otra cosa, como lo muestro en la siguiente tabla (SEP, 2022).

| Tabla 11. Datos estadísticos de alumnos con aptitudes sobresalientes en el estado de Tabasco. Ciclo escolar 2020-2021 en Educación Básica. | | | | | | |
|---|---|---|---|---|---|---|
| Sexo | Intelectual | Creativo | Socioafectivo | Psicomotor | Artístico | Total |
| Hombre | 334 | 52 | 54 | 55 | 70 | 565 |
| Mujer | 282 | 61 | 97 | 28 | 100 | 568 |
| Total | 616 | 113 | 151 | 83 | 170 | 1,133 |
| Datos estadísticos de alumnos con aptitudes sobresalientes en el estado de Tabasco. Ciclo escolar 2021-2022 en Educación Básica. | | | | | | |
| Sexo | Intelectual | Creativo | Socioafectivo | Psicomotor | Artístico | Total |
| Hombre | 260 | 35 | 34 | 42 | 50 | 421 |
| Mujer | 225 | 51 | 68 | 25 | 74 | 443 |
| Total | 485 | 86 | 102 | 67 | 124 | 864 |
| Fuente: Departamento de planeación y evaluación de la Dirección de Educación Especial (2022). | | | | | | |

Haciendo el comparativo porcentual en el ciclo escolar 2020-2021, Tabasco detectó un 0.21% de población con aptitudes sobresalientes en Educación Básica, y en el ciclo escolar 2021-2022, tan sólo el 0.16%.

En cuestión de género se aprecia una leve tendencia de detección de aptitudes sobresalientes creativas, socioafectivas y artísticas favorable a mujeres, y una leve tendencia de detección de aptitudes sobresalientes intelectuales y psicomotoras favorable a hombres. Lo que, en la suma de todas las aptitudes sobresalientes, genera, estadísticamente, un empate técnico para ambos géneros, como lo reza la bibliografía internacional.

Como lo muestran los datos, Tabasco presenta un déficit de detección de alumnos con aptitudes sobresalientes por género de aproximadamente 6,320 hombres y 6,298 mujeres. Lo que se puede interpretar de la siguiente manera:

• Se sostiene el factor de encubrimiento en la Educación Básica, el cual puede deberse al desconocimiento docente del tema, y a la participación pasiva en el proceso de detección por parte de los equipos de Educación Especial para apreciar el factor de encubrimiento.

- Las representaciones mentales sobre género juegan en el proceso de detección. Por ello se aprecia cierta tendencia en aptitudes sobresalientes específicas.

- Por la pandemia de COVID-19, los indicadores de detección de alumnos con aptitudes sobresalientes han venido a la baja.

- Se requiere hacer investigación sobre las concepciones del género en los procesos de detección e intervención de esta población.

- El esquema de detección vigente, al brindar una participación pasiva por parte de los equipos de Educación Especial, decrece el contacto y observación en el escenario natural de desarrollo social del alumno.

## 2.2.4. La poca credibilidad en la detección de la aptitud sobresaliente que realizan los propios padres de familia

En la práctica educativa no se quiere reconocer que los padres de familia pueden detectar la aptitud sobresaliente en sus hijos incluso antes de que la escuela los visibilice. "En más de un 95% de los casos son los padres quienes detectan la superdotación de un niño, observando además de síntomas de precocidad, también conductas como desadaptación en el colegio o sensación de que es muy fácil para ellos" (Ortuño, 2015).

Y es que no hay que perder de vista que son los padres de familia los primeros agentes que aprecian, en sus hijos, las manifestaciones de la aptitud sobresaliente o las dificultades para encajar en ciertos contextos; lo que, en muchas ocasiones, los orilla a solicitar apoyo a especialistas en medicina y educación para que les expliquen qué ocurre; así como a descartar, en algunos casos, otro tipo de condiciones.

Cabe mencionar que no es fácil para ellos adaptarse a las necesidades que sus hijos presentan. Por lo que, comúnmente, cuando saben de la existencia de equipos de Educación Especial en algún plantel, solicitan que su hijo sea atendido, pues ellos aprecian una Aptitud Sobresaliente en potencia, sin saber que esa condición lleva ese nombre en muchas ocasiones.

Si bien los reglamentos reconocen a los padres de familia como un pilar central para todo proceso educativo, en el terreno de la detección de alumnos con aptitudes sobresalientes, los docentes de Educación Especial les han descalificado, expresando que sus hijos no son AS, sino niños sobreestimulados, sin preguntarse cuántos con la misma estimulación no dan ese mismo tipo de respuesta específica, o si algunos AS nacen y otros se hacen.

Es decir, la diversidad existente en el espectro de sobredotación, donde el concepto de Aptitud Sobresaliente es una tipología más que busca dar una explicación e intervención para este tipo de sujetos nos invita a no emplear clichés que pudieran afectar la integridad del menor y su familia; pues se debe realizar un estudio pertinente antes de emitir un comentario. Pues si hiciéramos un silogismo donde expresáramos las siguientes premisas:

1. Algunos niños sobreestimulados presentan aptitudes sobresalientes.

2. Algunos niños sobreestimulados no presentan aptitudes sobresalientes.

Llegaríamos a la inferencia de que:

3. Todos los niños sobreestimulados podrían o no presentar aptitudes sobresalientes.

Por lo que debemos reconocer que lo más prudente es analizar el caso detenidamente antes de emitir un juicio, pues cada caso es diferente, ya que todos los sujetos con espectro de sobredotación también lo son.

Sobre todo, debemos ser conscientes de que los padres buscan respuestas y no prejuicios o estigmatización por parte del servicio de Educación Especial. Lo último lo expreso porque algunos padres, al recibir este tipo de respuestas, sin un fundamento real, llegan a cuestionar; y por cuestionar son llamados problemáticos.

Así que no hay que olvidar que ellos están tratando de entender a sus hijos, cuestionándose por qué y cómo son diferentes e incluso qué deben hacer; ya que han detectado la diferencia sin saber (en muchos casos) la construcción teórica de las aptitudes sobresalientes.

## 2.2.5. La hibridación de los programas de enriquecimiento y de promoción anticipada en sus fases de detección dentro del territorio tabasqueño

El método de identificación:

Dentro de los métodos de identificación frecuentemente utilizados internacionalmente en este ámbito, se encuentran los métodos cualitativos y cuantitativos. Dentro de los primeros, se destaca la recomendación efectuada por el profesor, la información o postulación/ nominación por los propios estudiantes interesados, la información/nominación entregada por los compañeros de curso, la información/nominación reportada por los padres, la entrevista y el portafolio de muestras de trabajo. Por otra parte, algunos de los métodos cuantitativos empleados son: el puntaje en pruebas de inteligencia individuales y/ o grupales, puntaje de pruebas de aptitud, puntajes en pruebas de conocimiento/rendimiento, escalas de clasificación y listas de chequeo, modelo de búsqueda de talentos y antecedentes del estudiante/ certificado de notas.

(Bralic y Romagnoli, 2000; Elder, 2000; citado por Flanagan & Arancibia, 2005).

Sobre este punto, en las normas de Control Escolar se decidió que la detección contara con un formato mixto, al cual dividió en dos etapas que concluyen en procesos específicos de intervención, llamados enriquecimiento y promoción anticipada.

Para llegar a la intervención por enriquecimiento se emplean, como método de detección, instrumentos de corte cualitativo para asignar la condición de alumno con Aptitud(es) Sobresaliente(s) (SETAB, 2021):

**En el caso de los alumnos con aptitudes sobresalientes de Educación Primaria**, para la detección inicial se utilizarán las siguientes técnicas y herramientas:

I.    Actividades exploratorias.

II.   Nominación libre del docente de aula regular.

III.  Análisis de evidencias y productos tangibles.

IV.   Inventario para la detección de las aptitudes sobresalientes en educación primaria (versión revisada, 2010).

V.    Entrevistas al educando, madre, padre de familia o tutor(a) y docentes.

**En el caso de los alumnos con aptitudes sobresalientes de Educación Secundaria**, para la detección inicial se utilizarán las siguientes técnicas y herramientas:

I.   Inventario de intereses para educandos en educación secundaria.

II.   Cuestionario para los docentes.

III.   Análisis de evidencias y productos tangibles.

IV.   Entrevista al educando.

V.   Entrevista a la madre o al padre de familia.

Cabe recalcar que, desde el momento de la aplicación de este procedimiento, a un alumno se le puede(n) asignar alguna(s) de las cinco esferas de aptitudes sobresalientes que el programa difunde para generarle un programa de enriquecimiento en el aula, la escuela y fuera de la escuela, que estimule el estado actual del potencial latente.

Esto embona con la propuesta de 2006, que solicitaba la creación de programas de enriquecimiento para todos los alumnos con aptitudes sobresalientes, no importando la esfera de sobredotación.

Sin embargo, existieron casos en los cuales el enriquecimiento no fue suficiente. Por lo que, tras años de seguimiento, se decidió[26] generar una segunda etapa, que tuviese como marco operacional los métodos cuantitativos de detección, surgiendo así la promoción anticipada de grado y nivel mediante pruebas estandarizadas, que, a nivel mundial, se le conoce como aceleración curricular.

Si bien, los mayores esfuerzos se han centrado en la inclusión de estos alumnos a las aulas regulares con apoyo de enriquecimiento curricular dentro y fuera de la escuela, se ha observado que algunos requieren de otros modelos de atención educativa como la aceleración, a

[26] Tal vez sin intención de crearla como etapa subsecuente, sino como programa alterno al enriquecimiento.

fin de responder a sus necesidades y las de sus familias. Por lo tanto, se requirió revisar la respuesta que ofrece el sistema educativo actual de acuerdo con la legislación vigente, para brindar una mejor atención educativa a cada uno de ellos.

(…) Con la finalidad de atender las necesidades educativas tanto de los alumnos con aptitudes sobresalientes, como con talentos específicos, se consideran dos modelos de atención educativa: enriquecimiento y aceleración, los cuales son complementarios y para su implementación en México, están fundamentados en el modelo sociocultural.

(SEP, 2021:4).

Dicho programa sería aplicable a aquellos alumnos con aptitudes sobresalientes que, tras haber sido atendidos con programas de enriquecimiento, requerían de otra forma de intervención, priorizando a los alumnos con la dominancia de la esfera intelectual y los talentos específicos derivados de la misma. "La acreditación y promoción anticipada podrá ser aplicada únicamente a los alumnos con aptitudes sobresalientes intelectuales, talento lingüístico, talento matemático, y/o talento científico; que estén cursando la educación básica, y que cubran los requisitos que se establecen en este apartado" (SEP, 2021:10).

Para puntualizar, el programa de aptitudes sobresalientes se subdivide en dos programas que tienen relación intrínseca: el primero, basado en el enriquecimiento y la detección por instrumentos cualitativos, y el segundo, dirigido a la aceleración con instrumentos cuantitativos. Este segundo requiere de la aplicación anterior del primero para considerar qué alumnos requieren de otro tipo de intervención. O sea, no se debe ejecutar el programa de aceleración sin haber aplicado previamente el de enriquecimiento. A pesar de que se haga la aceleración, el enriquecimiento debe seguir acompañando el proceso de aceleración curricular del alumno.

Como vemos, el mundo académico reconoce que cualquiera de las dos posturas metodológicas de detección puede reconocer a un alumno con aptitudes sobresalientes. Es decir, no se requiere estar realizando evaluaciones psicopedagógicas de forma indiscriminada para confirmar/descartar la aptitud sobresaliente de un niño (Valencia & Escalante, 2014), que lo único que genera es un desgaste laboral y emocional en los psicólogos que realizan las valoraciones cuantitativas de forma individual, así como carga administrativa, pues, al existir muchos candidatos y los psicólogos asistir una vez por semana a cada plantel, tardan varios ciclos escolares en decir si un alumno tiene o no una aptitud sobresaliente. Mientras tanto, este alumno carece de la atención que le estimule ese potencial; incluso hay ocasiones en que la eternidad de este proceso genera el factor de encubrimiento al hartar al alumno y la familia.

Mas esta problemática estatal la generó una administración educativa local previa, que fusionó los programas de enriquecimiento y promoción anticipada (Valencia & Escalante, 2014), creando la idea de que la psicometría se debe aplicar a todos los alumnos para confirmar la presencia de una aptitud sobresaliente, y, con ello, obtener la respuesta educativa de aceleración curricular, quedando marginada la primera etapa de atención (enriquecimiento).

Cabe mencionar que en nuestra entidad todo ha girado en torno a la psicometría: es ella la que designa la condición, sin siquiera aplicar enriquecimiento previamente.

Así, los docentes de educación especial han pensado que la intervención institucionalizada es la promoción anticipada. La cual, dicho sea de paso, es la segunda etapa que se deriva para aquellos alumnos que, después de ser detectados como AS, no son satisfechos con programas de enriquecimiento; por lo que es necesario valorar la posibilidad de una justicia social que equipare su potencial real.

## 2.2.6. ¿Existe una forma única de ser incluyente con la diversidad?

Hoy en día puedo apreciar la polarización sobre el cómo debería ser la escuela incluyente. Por un lado, están los que piensan que las escuelas especializadas deben desaparecer porque su existencia sostiene la discriminación institucional, al funcionar como sistemas educativos paralelos que tratan de dar respuesta a sectores específicos de la comunidad escolar, planteles que la política educativa ha nombrado como Centros de Atención Múltiple. Y, por otro lado, están los que sostienen que estos planteles sólo ofertan otra forma de hacer inclusión y deben seguir coexistiendo con el sistema regular educativo, pues su existencia permite la incursión de competencias no vistas por el currículo oficial, las cuales son necesarias para aquellos sectores vulnerables para los que son diseñados; sectores que en los formatos estadísticos del 911 son declarados dentro del catálogo de prioridades de atención.

En dicho catálogo se aprecia la existencia de los alumnos con aptitudes sobresalientes; lo cual me ha generado cierta inquietud, pues desde la fundación de los CAM se ha declarado que deben dar atención a aquellos alumnos que no reciben una respuesta educativa adecuada en los planteles regulares.

Particularmente, en el estado de Tabasco, a dos CAM se les han asignado condiciones específicas (autismo y sordera) por la necesidad de especializar la atención. Incluso los padres que llevan a sus hijos a tomar esas especializaciones se manifiestan contentos e incluidos.

Lo real es que los servicios especializados[27] representan un elevado costo al erario de las administraciones públicas; por ello, estos CAM de alta especialidad son ubicados en regiones de mayor densidad poblacional. En nuestro estado están en la Ciudad de Villahermosa y atienden a alumnos de la urbe de forma directa, y de forma indirecta a los que asisten a los CAM/USAER de regiones con menor densidad poblacional mediante asesoría a docentes y padres de familia.

Ahora, los otros CAM en regiones con una menor densidad poblacional atienden todas las condiciones existentes del catálogo 911, por lo general, enfocadas a la discapacidad. Hecho que debiese generar una discusión teórica, porque si los CAM atienden prioritariamente a los alumnos de dicho catálogo, deberían atender, en este caso, a alumnos con aptitudes sobresalientes también.

Si bien esto generaría controversia con los planteles regulares debido a que podrían alegar que los CAM quitan alumnos que no generan problemas en su matrícula, los mismos CAM podrían alegar que estos centros son para los de bajo rendimiento. Lo verídico es que su constitución legal no niega el acceso ni la atención, pues ellos deben dar educación especializada a aquellos alumnos que en el plantel regular no se les brindan los elementos suficientes para dar una respuesta adecuada.

Al mismo tiempo, la normatividad reconoce la atención complementaria, es decir, un alumno de CAM o USAER puede asistir recíprocamente, con un plan de trabajo específico, a recibir ciertos apoyos de forma alternada en ambas instituciones, sin dejar de estar inscrito en la escuela sede.

---

[27] Cuando hablo de servicios especializados me refiero a los CAM que sólo atienden una condición específica, es decir, podríamos hablar de CAM de un segundo nivel de atención. En Tabasco contamos con el CRIAT y el Centro Enseñas.

Incluso tendríamos que comenzar a visualizar que la atención complementaria podría caminar hacia el esquema de la educación híbrida. No sólo la debemos pensar en un espacio físico común, sino como una posibilidad sincrónica o asincrónica dentro de la distancia; en la cual un docente de cualquiera de las instituciones podría dirigir el proyecto de un grupo de alumnos sobresalientes, en un horario específico de la semana, donde ellos se conecten para intercambiar experiencias educativas.

Por consiguiente, si en algún momento la administración pública decidiera crear un Centro de Atención de las aptitudes sobresalientes, éste podría ser monitoreado bajo este esquema; lo cual reduciría costos de mantenimiento y de transporte para los educandos. Además, permitiría conectar a los alumnos con sobredotación de diversas partes del estado y con ello sostener un enriquecimiento de agrupamiento temporal.

Con esto quiero retomar las preguntas que detonan esta inquietud: ¿sólo por tener a todos los alumnos en el mismo espacio físico o virtual (escuela regular o CAM), sin preguntarse sobre sus necesidades formativas independientes, se es inclusivo? ¿Se es inclusivo sólo detectando a los alumnos, sin generar ninguna movilidad académica porque la intervención no es el pilar de la propuesta? ¿Nuestro esquema de trabajo actual garantiza la permanencia, el aprendizaje, la participación y el empoderamiento de los alumnos con aptitudes sobresalientes desde la mirada inclusiva? ¿La ejecución del programa AS vigente camina en la inclusión o replica el modelo médico de la Educación Especial? Y la más importante de todas: ¿qué han ganado, en el terreno educativo, los alumnos, que, al momento, han sido detectados como AS o cómo reorientarlos?

## 2.2.7. La pandemia y la atención de las aptitudes sobresalientes

Previo a la pandemia, la atención de los alumnos con aptitudes sobresalientes presentaba dificultades operativas en detección e intervención, las cuales se agudizaron en este periodo tras la pérdida de la frecuencia comunicativa entre maestros y alumnos.

Siendo más evidente esta problemática en aquellos alumnos con aptitudes sobresalientes de escasos recursos, habitantes de regiones marginales, con discapacidad, etcétera. Este hecho ha sido denunciado en diversos conversatorios virtuales, organizados por páginas de Facebook como: "Educación Especial Hoy"[28-29], "Dirección USAER 48"[30], "Programa Adopte un Talento", "TEIDE México", entre otros.

En uno de estos espacios, Gabriela de la Torre expresó cómo la identificación y la intervención es el talón de Aquiles de la propuesta de alumnos con aptitudes sobresalientes en el país:

El trabajo entre educación especial y educación regular todavía es complejo, pero aun cuando lo hay, qué se ha avanzado y qué tenemos todavía. Lo primero que vimos era que la identificación retrasaba mucho el modelo de atención, es decir, tardábamos mucho tiempo identificando y esto hacia que no llegáramos a la atención de los alumnos, había Estados que todo el ciclo escolar, o sea que cuando ya estaban listos para atender a los alumnos, que ya los tenían identificados, era en mayo

---

[28] https://www.facebook.com/810867712267306/ posts/3522869527733764/

[29] https://web.facebook.com/EducacionEspecialHoy/ videos/140339001439544 (22:43)

[30] https://web.facebook.com/810867712267306/ videos/1297178344030526

o en junio. Entonces, nosotros decíamos qué va a pasar ahí ¿no? que cuando empiecen a atender, realmente al alumno, ya acabó el ciclo y el siguiente maestro quiere reconfirmar que tiene aptitudes sobresalientes. *Sic*.

(De la Torre, 2021, 00:25:23-00:26:36)

Siguiendo la misma línea, Pedro Covarrubias (2021, 00:22:00-00:22:40) expresó: "La situación actual no permite que llevemos a cabo el proceso formal que propone la SEP, donde implica la aplicación de instrumentos formales y no formales: actividades exploratorias, nominaciones, inventarios, entrevistas, cuestionarios o pruebas estandarizadas". *Sic*.

Es decir, la pandemia puso en jaque al esquema de detección oficial a nivel nacional, lo cual coincide con lo que se ha vivido en la Zona Escolar No. 6 de Educación Especial en el Estado de Tabasco:

Otra pregunta que se diseñó fue, ¿Alguien ha logrado detectar alumnos (en este último año)? ¿Qué estrategia les funcionó?

Todos coincidimos que no, que se ha dificultado dado que el trabajo es determinante al contacto directo con los alumnos, maestros y padres de familia. Sólo se ha logrado continuar con el trabajo de detección que se logró hacer antes de la pandemia y dar seguimiento a los alumnos que ya están en matrícula. *Sic*.

(Zurita Guzmán & Muñoz Aguilar, 2021)

Con esto se confirma que la detección de alumnos con aptitudes sobresalientes se detuvo. Pero, ¿qué ocurrió con la intervención?

Sobre este punto, Pedro Covarrubias expresó que se han manifestado diversos retos en la atención a distancia con los ya detectados:

a.  Falta de recursos tecnológicos: internet, laptop, tableta, celular y electricidad.

b.  Falta de acompañamiento: padres, madres, docentes, especialistas, compañeros y hermanos.

c.  Falta de innovación y creatividad estratégica: rutina, repetición, desmotivación y ajustes razonables.

De estas tres, a los servicios de apoyo, sí les corresponde resolver las últimas dos. *Sic.*

(Covarrubias, 2021, 00:22:00-00:22:40)

Bajo la óptica de Covarrubias, los docentes de Educación Especial han abandonado a los alumnos sobresalientes en muchos casos, y, en otros, se aprecia la falta de creatividad para el diseño de actividades retadoras por parte de los docentes.

A eso podríamos agregar que, para muchos docentes, este fue el primer encuentro de incorporación de la tecnología al aula y a la educación a distancia, por consiguiente.

Por ejemplo, en el informe sobre la atención de alumnos con aptitudes sobresalientes durante la pandemia, elaborado en el municipio de Emiliano Zapata, Tabasco por las docentes Zurita Guzmán y Muñoz Aguilar (2021), se aprecia esta situación:

Para nosotras la más medular fue la siguiente: ¿cómo estamos atendiendo a los alumnos ahora?

Al inicio se buscó la forma de comunicarse a través de una encuesta para conocer las herramientas o los medios por los cuales los padres de familia tuvieran acceso a los aprendizajes que sus hijos tendrían (medio de comunicación), los docentes han implementado actividades que han ido diversificándose para que los alumnos adquieran aprendizajes y habilidades. Sin embargo, el nivel de respuesta por parte de los padres- alumnos ha menguado con el paso del ciclo escolar por diversas circunstancias (tiempos, comunicación, contexto). Los docentes se han estado adaptando a las condiciones del contexto de los alumnos, trabajan por videollamadas, WhatsApp, llamadas telefónicas, cuadernillos físicos (material impreso), buscando una mayor respuesta por parte de ellos.

Esta respuesta nos ha llevado a formular la siguiente, de los alumnos con los que contamos con comunicación ¿cómo están emocionalmente?

La mayoría coincide en que los alumnos se encuentran cansados, estresados, con exceso de actividades y tareas por parte de los maestros regulares; ya no desean estar encerrados quieren regresar a las aulas de forma presencial. *Sic.*

Dicho de otro modo, el discurso se ha centrado en el análisis de la cobertura y no en la calidad educativa que se debiera estar construyendo en la situación mundial derivada por el COVID-19. Ya que el debate social ha girado en que no todos han tenido acceso a la educación a distancia, sea cual sea la modalidad de la misma, sin preguntarse qué han aprendido aquellos que sí han seguido el procedimiento que su docente construyó de forma contingente para dar respuesta educativa. ¿Qué novedad le está trayendo y atrayendo de esta escuela a los alumnos en general y de forma implícita a los sobresalientes? ¿Qué tanto las USAER han acompañado a esta nueva construcción o han dejado en la marginalidad al docente regular para que sea él quien encuentre una solución a un problema que ni siquiera se ha planteado?

Sobre todo: ¿Hubo, hay o habrá acompañamiento o se sostendrá como eje el abandono institucional para los alumnos con aptitudes sobresalientes mediante una propuesta que no da respuesta a un mundo en destrucción/construcción? E, incluso: ¿cómo construir la detección e intervención desde lo intangible de un aula a distancia?

## 2.3. Modelo de intervención de la espiral caótica

Estas preguntas rondaron por mi mente durante muchos meses, cuestionándome cómo:

- Simplificar el proceso existente que vuelve tediosa la detección y que, al mismo tiempo, no permite que planteles que no cuentan con servicios de Educación Especial puedan elaborarlo.

- Lograr que el cuerpo docente intervenga con estos alumnos y no piensen que el trabajo finaliza con su diagnóstico.

- Crear un mecanismo de detección aplicable en sectores especiales que han quedado rezagados, partiendo de los nuevos esquemas teóricos del espectro de la sobredotación.

Para tratar de socializar mis dudas, acudí a sostener conversatorios y charlas digitales, durante el año 2020 y 2021, con líderes académicos en el ámbito nacional: Dra. Gabriela de la Torre, Dr. Pedro Covarrubias, Dr. Yadiar Julián Márquez y Dr. Miguel Ángel Escalante Cantú, quienes se hallaban en la misma encrucijada.

Las coincidencias nos llevaron a formular que este programa no debería ser aplicado bajo la directriz única de las USAER, al menos en la etapa uno, "enriquecimiento", pues ésta podría ser elaborada por los planteles de educación regular que no cuentan con USAER alguna. Esto me llevó a recordar algunas de las clases que he impartido sobre aptitudes sobresalientes, tanto en el IESMA como en la Universidad Alfa y Omega, en donde yo les decía a los alumnos que el proceso que Control Escolar había autorizado, dibuja un enfoque clínico que privilegia la detección; por ello no existe intervención en los agentes. Así que, si alguna vez se podría readaptar este trabajo, deberíamos pensar en priorizar la intervención.

Siendo así, les dije que teníamos que reinvertir el proceso. Es decir, ¿qué pasaría si primero intervenimos y luego detectamos? Es más, ¿qué pasaría si el esquema surgiera de la misma práctica docente?

Bajo esa premisa, en la asignatura "Respuesta educativa para alumnos con aptitudes sobresalientes"[31] en la Maestría de Educación Especial con Enfoque Inclusivo que impartí en el Instituto de Educación Superior del Magisterio, en 2018 y 2021, pedí a mis exestudiantes que construyeran propuestas respetando el enfoque que les estaba planteando.

Lamentablemente, todos mis exestudiantes repitieron el esquema clásico propuesto por las normas de Control Escolar, agregando o quitando algunos pasos, pero apuntando a que la intervención fuese la parte final del proceso. Es decir, no pudieron salir de la mirada newtoniana de Causa-Efecto. Por lo qué me pregunté: ¿cómo podemos abandonar la mirada newtoniana y clínica para proponer algo diferente? En los trabajos derivados de la materia no hallé la respuesta.

---

[31] Las alumnas de este posgrado tienen una variedad de perfiles (docentes de Educación Preescolar, Primaria, Secundaria, Media Superior y Especial) que enriquecieron las propuestas.

De repente, recordé que lo más exitoso siempre es lo más simple. Si todo iniciara con la intervención para luego pasar a la detección, se debería crear un sistema autogestor que permitiera que la intervención que se aplica sea evaluada constantemente por sus mismos integrantes, para realizar los ajustes que sean necesarios; así como revisar cómo su influencia produce o no sujetos con sobredotación en algún área específica; permitiendo la expansión o especialización del contenido y las habilidades según la vayan requiriendo las necesidades académicas, sociales, deportivas, artísticas, científicas, anómalas, etc.; de los sujetos beneficiados. A este bucle infinito y desordenado le he llamado el modelo de intervención de la espiral caótica.

Este modelo no tendrá inicio(s) o fin(es) claros, pues al ser un bucle infinito y desordenado permite expandir o reducir el campo de acción, de ser necesario. Es decir, aquello que le dio origen puede ser revisado para ser replanteado de forma constante y, con ello, generar nuevas conclusiones que movilicen decisiones, proyectos, hechos educativos, etc.; con la intención de autorregularse mientras apoya la generación de diversos tipos de sujetos con sobredotación en cualquier nivel de escolaridad o ámbito de aplicación.

En otras palabras, estoy describiendo el modelo como un macrosistema que se integra por diversos microsistemas que forman un bucle infinito desordenado que no se rige por la rigidez del tiempo, pues el tiempo, al ser una construcción abstracta, puede variar para obtener lo polución deseada; es decir, que habrá sujetos que manifiesten el espectro de la sobredotación rápidamente, otros que tarden muchos meses o años, e incluso algunos que nunca la manifestarán a pesar de tenerla latente.

Pero usted podría pensar que le he timado porque le ofrecí un modelo sencillo para detectar alumnos con sobredotación, alta capacidad o aptitud sobresaliente y al momento le estoy proponiendo algo extremadamente complejo. Bien, para ver la sencillez de la que hablé, fragmentaré este macrosistema en un microsistema, el cual está integrado por tres esferas que buscan consolidar que la identificación de alumnos con espectro de sobredotación se sostiene bajo la premisa:

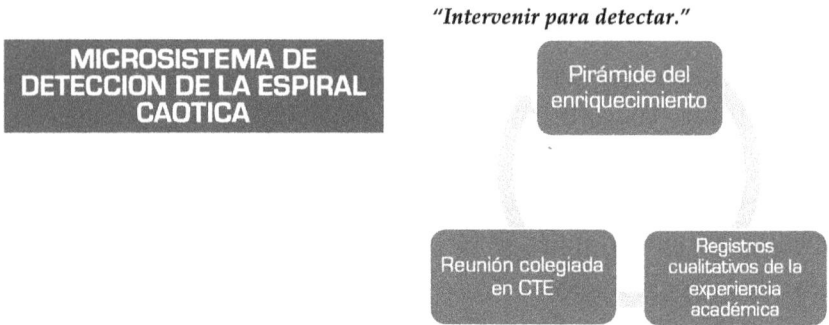

*"Intervenir para detectar."*

**MICROSISTEMA DE DETECCION DE LA ESPIRAL CAOTICA**

Pirámide del enriquecimiento

Reunión colegiada en CTE

Registros cualitativos de la experiencia académica

## 2.3.1. Esfera de la pirámide del enriquecimiento

La primera esfera que integra el microsistema de intervención es la del enriquecimiento, la cual consiste en diseñar y aplicar programas específicos que busquen destacar a sujetos con sobredotación en áreas científicas, artísticas, deportivas, inter/intrapersonales, de creación literaria, pensamiento matemático, etc., en contextos diversos.

> El enriquecimiento del contexto educativo se entiende como una serie de acciones planeadas estratégicamente para flexibilizar el currículo, y así dar respuesta a las potencialidades y necesidades de los alumnos con aptitudes sobresalientes. Dichas acciones conforman el programa de enriquecimiento, el cual brinda al alumno la oportunidad de lograr un desarrollo integral de acuerdo a sus intereses, fortalezas y debilidades.

(SEP, 2021:5)

Si bien el enriquecimiento es una propuesta de intervención para alumnos con sobredotación que se aplica en el mundo, a través de algunas décadas, y en México desde la propuesta de 2006, debemos reconocer que, en la mayoría de los casos, se aplica de forma aislada a las otras formas de intervención existentes. Es decir, el docente que trabaja con alumnos sobresalientes debe optar ya sea por enriquecimiento, aceleración, agrupamiento o el *homeschooling*, sin considerar la oportunidad de emplearlas de forma complementaria.

Quiero enfatizar que la siguiente propuesta pondera como eje central al enriquecimiento, pensando en las otras estrategias de intervención como modalidades que se complementan según el caso del sujeto beneficiado. Así como pensando la realidad actual generada por el COVID-19 y el derecho de elegir la modalidad educativa de su preferencia y seguridad familiar.

Dicho con otras palabras, es la necesidad del alumno lo que hará girar las combinaciones, sin desaparecer a ninguna ni cometiendo el error operativo de que todas son para todos.

Para esclarecer más el tema de la aplicación del enriquecimiento combinado con las otras metodologías de intervención, me permitiré mostrarles lo que yo he diseñado bajo el nombre de la **"pirámide del enriquecimiento"**, que rescata la tipología de Pacho Jiménez (2016:92):

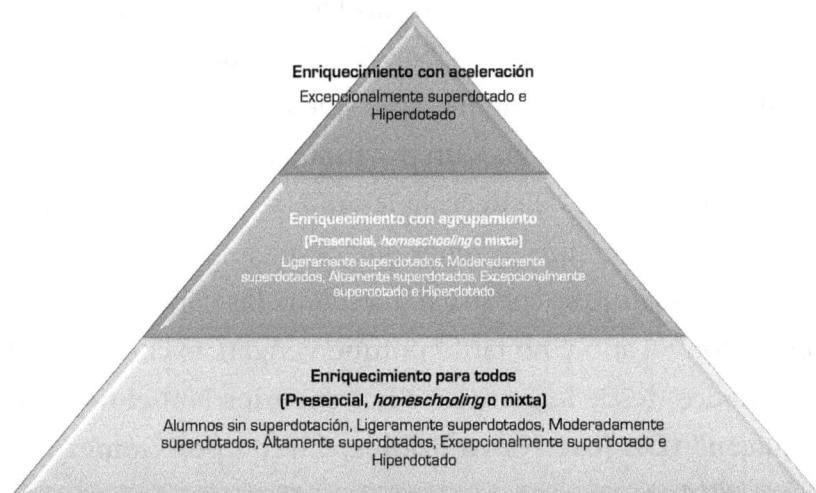

Enriquecimiento con aceleración
Excepcionalmente superdotado e Hiperdotado

Enriquecimiento con agrupamiento
[Presencial, *homeschooling* o mixta]
Ligeramente superdotados, Moderadamente superdotados, Altamente superdotados, Excepcionalmente superdotado e Hiperdotado

Enriquecimiento para todos
[Presencial, *homeschooling* o mixta]
Alumnos sin superdotación, Ligeramente superdotados, Moderadamente superdotados, Altamente superdotados, Excepcionalmente superdotado e Hiperdotado

Antes de seguir profundizando en lo relacionado con esta pirámide del enriquecimiento, quiero resaltar que, en esta primera esfera, el trabajo conjunto del docente de grupo, del docente de educación especial (en caso de contar con uno) y de las familias, buscará generar nuevas condiciones educativas en el aula, la escuela y fuera de la escuela.

Con ello se espera que, al cambiar dichas condiciones educativas, se observará a los alumnos con mayor potencial, e incluso a otros sin el potencial evidente, que al ser estimulados de forma constante dentro de un contexto determinado (según las necesidades que el enriquecimiento vaya requiriendo), podrán desarrollarse en una o varias áreas del quehacer humano donde se reconozca su sobredotación; llegando o no a la generación de talentos.

Es decir, esta propuesta se inscribe en la idea de que un alumno sobredotado no sólo nace, sino que con estimulación adecuada puede desarrollarse, tal como se expresa en "los falsos mitos sobre la sobredotación" (Winner, 1996; citado por Pacho Jiménez, 2016).

Este hecho puede generar controversias que considero necesarias, como la de derribar el cliché que expresa que un alumno no es sobresaliente, sino que está sobreestimulado, pues el enriquecimiento es un programa de sobreestimulación. Por tal razón, antes de decir la letanía hay que estudiar detenidamente las manifestaciones que el sujeto está presentando, dado que el genio se construye mediante las experiencias a las que es convocado y no tanto porque vengan, exclusivamente, designados desde la genética. **"Los premios Nobel no nacen, se hacen" (Dr. José Narro Robles, Citado por Gómez de la Torre, 2014:6).**

Con ello no quiero decir que no existen sujetos con cierto potencial genético que sean proclives a manifestar la sobredotación más prontamente, porque eso sería lo equivalente a negar la existencia de los prodigios. Sin embargo, no busco abrir el debate clásico de si nacen o se hacen, sino que sostengo que el generar nuevas condiciones educativas para todos puede hacer que florezcan las manifestaciones tanto en aquellos que tienen el potencial genético como en los que la van desarrollando con el devenir de la estimulación.

Además, quiero recalcar que el tipo de sobredotado (AS) que se detecte en un plantel se deberá al tipo de estimulación de los programas de enriquecimiento que se apliquen. Por lo que la creatividad del docente será medular para este modelo de detección.

Dicho de otro modo, si la escuela camina a programas de enriquecimiento enfocados a la ciencia, probablemente detecte alumnos sobresalientes en este terreno; y puede que no en otras áreas. Pero no porque no existan en su plantel, sino porque la estimulación no los está manifestando.

Es como buscar un cantante en un club de basquetbol. Puede que algún sujeto con sobredotación en este deporte también tenga manifestaciones en el canto, pero como el programa busca basquetbolistas de élite y no cantantes, podría pasar desapercibida esta otra manifestación de la sobredotación.

Bueno, creo que es necesario retomar la pirámide del enriquecimiento, la cual está integrada por tres niveles: enriquecimiento para todos, enriquecimiento con agrupamiento y enriquecimiento con aceleración.

## 2.3.1.1.  Enriquecimiento para todos (presencial, *homeschooling* o mixta)

El enriquecimiento para todos lo aplicarán de forma presencial, a distancia[32] o mixta[33], los docentes frente a un grupo[34], con todos los alumnos que estén bajo su cargo durante el ciclo escolar vigente. Similar a como se sugiere en el proyecto OASIS (Aljughaiman, abril, 2010), donde se reconoce a esta figura como el pilar de la detección e intervención por ser quien convive de forma asidua con los alumnos y puede revisar el crecimiento paulatino en la línea de estimulación que se pretenda abrir; así como la posible manifestación de la sobredotación.

Este enriquecimiento se podrá aplicar en todos los niveles educativos y sus modalidades mediante la planeación y ejecución docente. Es decir, no existe impedimento práctico ni legal para que esta estimulación no se realice en los Centros de Atención Múltiple, en las escuelas bilingües, multigrado, de organización completa e incluso CONAFE, pues es parte de la misma práctica docente, sólo que se sugiere que sea sistemática.

Dentro de los proyectos educativos que se pueden aplicar, propongo algunas líneas que se derivan de las necesidades encontradas en investigaciones previas y reflexiones de los docentes que compartieron sus experiencias en el estudio:

---

[32] Homeschooling sincrónico (videollamadas o llamadas telefónicas) o asincrónico (cuadernillos, televisión, radio, correos electrónicos, mensajes de texto, Facebook, Twitter, classroom, Moodle, etcétera).

[33] Según las condiciones sanitarias y la elección educativa de las familias, mediante esquemas híbridos que contemplen el sistema sincrónico y asincrónico).

[34] Con apoyo del personal de USAER, en caso de existir, u otro especialista externo; quienes pudieran acompañarlo para entender la diversidad existente en la sobredotación.

- Diseñar proyectos científicos, literarios, matemáticos, tecnológicos, deportivos y culturales apegados a sus realidades contextuales.

- Aplicar proyectos de comunicación enfocados a la semántica, pragmática y sintáctica en la oralidad y la escritura, que se asocien a los proyectos científicos, literarios, matemáticos, tecnológicos, deportivos y culturales.

- Aplicar proyectos de estimulación enfocados a las habilidades de orden superior.

- Construir escenarios educativos con equidad de género y una visión étnica para alumnos y alumnas AS.

Debo puntualizar que si la creatividad del docente lo invita a trabajar elementos no presentes en estas sugerencias, no habrá dificultad alguna para ejecutarlas; siempre y cuando no pierdan de vista que enriquecer es más que aplicar una ficha cognitiva de forma aislada.

Para enriquecer se debe adherir a nuestra cosmovisión educativa la invitación a nuestros alumnos para ingresar a proyectos educativos que despierten el aprendizaje significativo y la cooperación. No necesitamos desarrollar súper proyectos, sino proyectos simples que tengan claridad en qué pueden ganar en el trascurso de esta experiencia.

Cabe aclarar que este nivel de enriquecimiento será para alumnos que no presenten sobredotación en un inicio, como para aquellos que, siguiendo la propuesta de Pacho Jiménez (2016), ya estén considerados como alumnos con sobredotación e incluso los que estén caminando a la aceleración curricular.

Todo ello se deberá realizar en el aula, acompañándose con la pregunta: ¿cómo cambiar las condiciones educativas para generar nuevas posibilidades para nuestros alumnos?

## 2.3.1.2. Enriquecimiento con agrupamiento (presencial, *homeschooling* o mixta)

El segundo tipo de enriquecimiento que propongo es el agrupamiento momentáneo y sistemático, el cual se suma al primero. Es decir, este nivel de especialización de la pirámide no sustituye al primer nivel, sino que busca diseñar proyectos educativos dentro de la escuela, o fuera de ella, para los alumnos detectados con sobredotación en un espacio semanal o quincenal donde trabajen de forma conjunta y con apoyo de docentes de educación especial o especialistas en un área de desarrollo (artista, liderazgo social, científico…) de manera presencial, a distancia (*homeschooling*) o mixta.

Este enriquecimiento puede ser ejecutado en la escuela o por un agente externo (institución, asociación civil, empresa o sujeto de la comunidad con dominio de un área específica de manera formal o informal) y busca agrupar a los alumnos con sobredotación de un plantel, nivel, comunidad, zona escolar o municipio, bajo la figura de la atención complementaria mediante un convenio de colaboración. "(…) participación de los alumnos con aptitudes sobresalientes en proyectos o actividades extracurriculares en otras instancias educativas (universidades, centros de ciencia, museos, entre otros" (SETAB, 2019: 61).

Dicha atención complementaria para los planteles, con o sin apoyo de USAER, se generará de forma semanal en el CAM/USAER más cercano; en donde se elaborarán proyectos escolares innovadores con los alumnos AS de la periferia. Estos alumnos se contabilizarán en los registros de información de alumnos que presentan ambos servicios ante el departamento de Control Escolar.

Para clarificar, un alumno con AS con discapacidad que está inscrito en un CAM podría llevar un proyecto de enriquecimiento con agrupamiento en un plantel, empresa, asociación civil, entre otros, atendido por la USAER, para que se relacione con otros alumnos con AS que no presentan discapacidad; siendo registrado por la USAER como atención complementaria.

Así mismo, alumnos con sobredotación sin alguna condición anexa, cercanos a un CAM, podrán llevar el programa de enriquecimiento mediante agrupamiento en ese plantel (CAM), siendo registrados por el CAM bajo la figura de atención complementaria y continuando con sus servicios regulares para el sector poblacional registrado ante el departamento de Control Escolar.

Ambas posibilidades generarán una dinámica alternativa para los alumnos con espectro de sobredotación e instituciones educativas beneficiarias de este nivel de la pirámide del enriquecimiento.

A continuación, presento algunas líneas de intervención para este nivel de la pirámide del enriquecimiento derivadas del estado del arte:

| Tabla 12. Líneas de intervención sugeridas para la pirámide del enriquecimiento | | |
|---|---|---|
| **Alumnos** | **Padres o tutores** | **Docentes** |
| Aplicar proyectos de intervención enfocados en la egolatría de los alumnos con AS. Existe un proyecto en el estado de Tabasco en esta línea: Lavastida (2014). | Aplicar proyectos de intervención enfocados en la egolatría de los padres o tutores. | Aplicar proyectos psicológicos con profesores regulares y de especial sobre el estrés que afrontan al atender alumnos con AS y doble excepcionalidad. |
| Aplicar proyectos de formación de líderes estudiantiles. | Crear comités dentro de las escuelas, el municipio y Estado que gestionen y vigilen la ejecución de los programas de intervención. | Formar en líneas científicas, literarias, matemáticas, tecnológicas, deportivas y culturales al profesorado para la inclusión de alumnos con sobredotación y doble excepcionalidad. |
| Acompañar psicológicamente a los alumnos con sobredotación para prevenir desviaciones psicopáticas. | Crear congresos o foros municipales y estatales donde los padres de familia o tutores debatan sobre temas de crianza de sus hijos con superdotación. | Generar una agenda de estudio con los teóricos de los estilos de aprendizaje de las personas con sobredotación. |
| Crear concursos de ciencia y talentos a nivel centro de trabajo, zona escolar y estatal. | | Crear cinedebates para analizar casos de alumnos con sobredotación. |
| Diseñar proyectos científicos, literarios, matemáticos, tecnológicos, deportivos y culturales apegados a sus realidades contextuales. | | Realizar estudios de caso de alumnos con sobredotación. |
| | | Capacitación sobre diseño de instrumentos de medición que respondan a los contextos socioeducativos del alumno. |

Cabe mencionar que los colectivos docentes pueden adicionar otras líneas de intervención que se ajusten a su realidad educativa y la necesidad formativa de los alumnos con espectro de sobredotación, la cual debe ser registrada sistemáticamente para conocer las ganancias dentro de los proyectos.

De forma lateral propongo, para este nivel de la pirámide, la creación de un CAM especializado para la atención de alumnos AS que trabaje bajo la modalidad *online*. Es decir, la Secretaría de Educación puede generar una clave de centro de trabajo donde docentes que se especialicen en la atención de este sector poblacional realicen proyectos de vinculación en las diversas áreas del quehacer humano que se buscan estimular en el programa; así como capacitación y acompañamiento a docentes/tutores de todo el estado.

Este CAM se podría pensar como un CAM de tercer nivel[35], pensando que el CAM de primer nivel sería aquel que no cuenta con director efectivo ni equipo interdisciplinario, pero que atiende a toda la población que las normas y el departamento de Control Escolar designan en el formato 911. El CAM de segundo nivel sería aquel que cuenta con director efectivo y equipo interdisciplinario y atiende a toda la población que las normas de Control Escolar designa.

Por ejemplo, en el estado de Tabasco existen dos CAM que pueden ser considerados de tercer nivel, como lo son el de Autismo y el de "Enseñas" para población sorda; son CAM especializados en una condición particular.

En presupuesto sería más económico el CAM de aptitudes sobresalientes en modalidad *online* que los dos centros ya existentes, pues no contaría con una macroinfraestructura, lo que reduciría su necesidad de plantilla y mantenimiento físico porque se emplearían las claves de Gsuite que se adquirieron

[35] En el estado de Hidalgo se emplea una propuesta similar. A estos centros los han nombrado "Centros de enriquecimiento" (SEP, 2014).

durante la pandemia para dar el acompañamiento semanal a distancia de forma sincrónica o asincrónica.

Esta es una visión de cómo se pudiera aplicar el enriquecimiento con agrupamiento.

## 2.3.1.3. Enriquecimiento con aceleración

La cúspide o tercer nivel de la pirámide del enriquecimiento es aquella que se asocia con la aceleración curricular. Para tratar de explicar en qué consiste, me veo en la necesidad de clarificar que el programa de aceleración que existe en México está normado por Control Escolar en los "Lineamientos para la acreditación, promoción y certificación anticipada de alumnos con aptitudes sobresalientes en educación básica". Por lo que este subapartado no busca modificar el proceso que se ha validado, sino hablar de estrategias que deben acompañarlo, para el beneficio de los alumnos con aptitudes sobresalientes de la esfera intelectual y talentos específicos asociados; pues en el estado del arte se expresa que durante este proceso el alumno no recibe estimulación, solamente valoraciones de tipo psicológica.

Para iniciar, debemos recordar que este programa busca dar justicia curricular a los alumnos con aptitudes sobresalientes de la esfera intelectual y talentos específicos asociados a la misma mediante la flexibilización del currículo escolar. Dichos alumnos, tras cursar programas de enriquecimiento en ciclos escolares previos, muestran que esta estrategia por sí sola no satisface sus necesidades formativas; por lo que se sugiere que la escuela inicie un proceso de validación de la competencia curricular ideal del alumno con apoyo de la USAER o el ámbito privado para disminuir el riesgo de deserción escolar o, como Gabriela de la Torre (2020) ha denominado, la "fuga interna de cerebros".

Si bien el proceso ha logrado ser instaurado a nivel nacional, presenta dificultades operativas, por no decir discriminatorias, con grupos escolares que tienen *handicaps* asociados a discapacidad, pobreza extrema, diversidad étnica y lingüística, ya que no cuentan con instrumentos alternos que evalúen el cociente intelectual respetando las diferencias de dichos grupos.

El programa, al sostener una cifra única de CI como indicador de movilidad a nivel nacional, no permite reconocer la potencialidad latente de los alumnos inscritos a estos grupos humanos, siendo excluidos de esta etapa del programa, a pesar de demostrar que su competencia curricular requiere más estimulación.

Sobre este último hecho documenté un caso en los anexos de mi tesis de maestría al cual llamé "El niño lector" (Valencia & Escalante, 2014:190-232). Él demostró la capacidad de poder adaptarse curricularmente a otro nivel educativo[36] de su contexto social, a pesar del grado de pobreza y desnutrición que presentaba, pero en las pruebas estandarizadas que se le aplicaron, su puntuación no fue la ideal y quedó fuera del programa de aceleración.

Recuerdo que solicité la revisión del caso a nivel estatal, demostrando desde un acompañamiento cualitativo el potencial del alumno, mas, para el departamento de Control Escolar, esto no tenía validez debido a que se apegaron al proceso existente en la normatividad oficial.

Con ello no quiero decir que el departamento de Control Escolar obró mal, sino que al no contar con una respuesta alterna o un elemento que exprese en los lineamientos que para poblaciones especiales pueden existir variantes, es legalmente imposible ejecutar los programas de aceleración para alumnos como el niño lector.

---

[36] El alumno estudiaba quinto grado de primaria y contaba con la competencia curricular de un alumno de segundo grado de secundaria; de la secundaria de su contexto social.

Otro elemento detectado en el estado del arte es la discusión sobre la correlación imaginaria de socialización con la personalidad de algunos alumnos con aptitudes sobresalientes que aspiran a la aceleración.

Para profundizar en este tópico necesito expresar, previamente, que no todos los alumnos con aptitud sobresaliente del ámbito intelectual pueden aspirar a la aceleración. Aquí tenemos que pensar en un subgrupo con alta rareza estadística a nivel mundial, a los que se les ha denominado "excepcionalmente superdotados" o "hiperdotados". Algunos autores expresan otras tipologías, como lo vimos en el capítulo anterior, pero para darle seguimiento a la pirámide del enriquecimiento retomo la propuesta de Pacho Jiménez (2016:92), así como la visión que estos sujetos pueden nacer con este potencial o se les puede desarrollar.

Volviendo al punto, la personalidad de muchos de los sujetos que llegan a estos niveles de superdotación dista mucho de la facilidad para socializar. Entendiendo, de forma burda, socializar como el acto de tener buenas relaciones sociales. Es decir, en la mayoría de los casos, los sujetos con estos niveles de superdotación tienden a conductas asociales; pueden ser sujetos aislados, retraídos, ensimismados, fantasiosos, etcétera.

Con ello no quiero decir que no existan sujetos con estos niveles de superdotación que tengan facilidad para las relaciones sociales, lo que trato de decir es que un alto espectro de quienes poseen estos niveles de sobredotación presenta dificultades en el ámbito relacional.

Todo esto lo expreso porque se ha instaurado como moda que si el alumno con aptitudes sobresalientes presenta dificultades para relacionarse con sus compañeros, éste no puedo aspirar a un programa de aceleración debido a que tendrá problemas para relacionarse, también, en otro grupo.

Dicho de otro modo: ¿hemos entendido la personalidad de estos sujetos a la hora de analizar la conducta que dictamina el acceso o no al programa de aceleración curricular? ¿O basados en prejuicios ideales estamos castigando el derecho a la diferencia de los sujetos con superdotación que alcanzan estos niveles? ¿Tenemos que cambiarlos para que obtengan la justicia curricular que requieren?

Otro punto por considerar, y de vital importancia, es darle voz al alumno con sobredotación sobre si desea o no participar en un programa de aceleración curricular, para respetar la reforma legal que reconoce a los niños y adolescentes como sujetos de derecho. Bajo ningún elemento se debería forzar a un alumno a ingresar a este programa si no está dentro de sus gustos, aunque la escuela y los padres/tutores piensen que sí. Cabe aclarar que para que el alumno llegue a esa elección se le debe explicar los pros y contras.

Bajo estos elementos, propongo algunas líneas de intervención que acompañen el proceso de aceleración curricular cuando éste sea autorizado por Control Escolar:

- Continuar aplicando los niveles previos de la pirámide del enriquecimiento.

- Programar su asistencia al grupo o nivel escolar, al que se integrará el siguiente ciclo escolar, de manera semanal.

- Realizar una selección de tópicos necesarios del grado escolar que omitirá para revisarlos con apoyo de la escuela y USAER.

- Llevar acompañamiento psicológico para afrontar el cambio de grupo que vivirá, así como el estrés que pudiera presentarse.

- Dar seguimiento a los padres/tutores para trabajar las expectativas de sus hijos.

- Preparar al grupo escolar que recibirá al alumno con temáticas sobre la aceleración curricular.

- En caso de que el alumno AS obtenga la aceleración curricular para el nivel medio superior, es necesario hacer una entrega pedagógica para los docentes del plantel, así como explicarles en qué consisten las AS.

- Se recomienda que no se pierda el contacto con el alumno en nivel medio superior y superior para prevenir la deserción escolar y apoyarlo con orientación vocacional.

Al igual que en los niveles previos, los colectivos docentes pueden agregar líneas de intervención que consideren prudentes.

Antes de cerrar el análisis de la primera esfera de este microsistema para intervenir y detectar a alumnos con espectro de sobredotación, debo puntualizar que, al existir una diversidad de escuelas en Educación Básica que oscilan entre el desconocimiento y conocimiento del programa de aptitudes sobresalientes, esta esfera ayuda a que todas ellas puedan participar, no importando su grado de conocimiento sobre el mismo. Es decir, no se pretende que los ya detectados se queden sin atención, sino que se mejore la oferta existente desde esta perspectiva, pero que, al mismo tiempo, se detecten nuevos alumnos, no importando el momento del ciclo escolar en que nos encontremos.

Así podremos ver escuelas caminando, al inicio de esta relectura del programa, en diversos niveles de la pirámide del enriquecimiento. Incluso, algunas más osadas, podrían tratar de detectar alumnos con espectro de sobredotación empleando el segundo nivel de la pirámide mediante convenios interinstitucionales para analizar si cuentan o no con alguna manifestación de sobredotación.

Con ello quiero decir que existe flexibilidad para aplicar la esfera de la pirámide del enriquecimiento, según las necesidades contextuales; pero recomiendo iniciar con el esquema de niveles que se presentó y hacer el salto a estos ajustes cuando el plantel maneje adecuadamente esta metodología.

## 2.3.2.  Esfera de los registros cualitativos de la experiencia académica

La segunda esfera de este microsistema es la de registros cualitativos de la experiencia académica, la cual acompaña la observación participante con instrumentos contextualizados de recogida de datos cualitativos que los propios profesores construirán de forma conjunta (docente de escuela regular y docente de educación especial, en caso de contar con uno).

Si bien desde un inicio sabía que esta esfera implicaría una reinterpretación de los instrumentos que se han canonizado para la detección de alumnos con aptitudes sobresalientes, debo confesar que, durante meses, me detuve en esta parte, pues no encontraba la manera de plantear un cambio en la estructura de detección que diera acceso a las poblaciones especiales que estaban fuera del programa vigente. Hasta que un día reflexioné en separar el proceso de detección que las normas de Control Escolar manejan para la fase de enriquecimiento, con la que comprende a los lineamientos para la acreditación, promoción y certificación anticipada de alumnos con aptitudes sobresalientes en educación básica, de una forma más evidente, pues la primera está pensada para todo el espectro de sobredotación, mientras que la segunda sólo a los de alto rendimiento.

Por otro lado, recordé que el Prof. Ricardo López Frías, encargado del Departamento técnico pedagógico de Educación Especial, comentó en una ocasión que las normas de Control Escolar dicen el qué, pero permiten plantear los cómo. Lo que me llevó a pensar que podría proponer un nuevo esquema simplificado de detección para este primer programa de aptitudes sobresalientes, resultando lo siguiente:

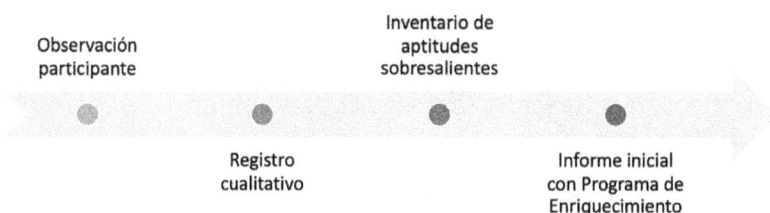

| Observación participante | | Inventario de aptitudes sobresalientes | |
|---|---|---|---|
| | Registro cualitativo | | Informe inicial con Programa de Enriquecimiento |

Estos cuatro pasos debían ser aplicados para todo Educación Básica, pero debía reconocer que carecía de la visión global de todos los niveles educativos que lo integran. Además, desde un inicio pensé que los instrumentos deberían ser operativos y no carga administrativa para los docentes regulares, que son quienes lo aplican y aplicarán. Por lo que tomé la decisión de integrar un grupo de profesores investigadores locales, inquietos sobre la temática de alumnos con aptitudes sobresalientes, con quienes tendría que debatir para construir el eje de esta esfera. Fue así como recluté a quienes conformaron el equipo K'ajalín:

| Tabla 13. Miembros del equipo de investigación del proyecto K'ajalín | | |
|---|---|---|
| Nombre | Función | Nivel educativo |
| Mtra. Daniela Sthefany Santiago Hernández | Docente | Preescolar |
| Mtra. Wendy Stephanie García Padrón | Docente | Preescolar |
| Mtra. Mariana de la Cruz García | Docente | Preescolar Intercultural Bilingüe |
| Mtro. Hervey Fuentes de la Cruz | Psicólogo USAER | Educación Especial |
| Mtro. Manuel Solís Córdova | Docente CAM | Educación Especial |

Ellos aceptaron participar, siempre y cuando las reuniones se realizaran de forma virtual, un día a la semana y en horario vespertino, pues tenían ocupaciones laborales matutinas y algunos viajaban a sus centros de trabajo, a pesar de la pandemia. No encontré objeción alguna a sus peticiones, por lo que empezamos a trabajar de inmediato.

Durante tres meses nos reunimos cada miércoles para construir y definir operativamente los indicadores e instrumentos de evaluación de esta esfera; los cuales enfatizan demostraciones específicas en el aula (presencial o virtual) de cómo están destacando significativamente, dentro de su grupo, los alumnos candidatos y los que ya están en el programa; así como las dificultades que están presentándose en el (los) nivel(es) de la pirámide de enriquecimiento que se esté aplicando.

Algo que debo puntualizar es que reinterpretamos el concepto operativo vigente de aptitudes sobresalientes y construimos indicadores que se presentan de forma transversal, bajo nuestra lectura y experiencia laboral, en todas las manifestaciones de un sujeto con AS.

Los indicadores sobre los que gira esta esfera son los siguientes:

| Tabla 14. Definición cualitativa de los indicadores de evaluación de la propuesta ||
|---|---|
| **Indicador** | **Definición operativa** |
| Procesamiento de la información | Tiene que ver con las formas de asimilar la información, así como la secuencia de pasos que desarrolla el sujeto para ejecutar la respuesta, sea correcta o no. |
| Curiosidad | Comportamiento de querer saber algo de forma individual o colectiva generado por una situación o tema de interés, el cual deriva en el dominio de un campo o área del conocimiento humano. |
| Análisis y síntesis | Comprender, interrelacionar y juzgar los contenidos del sujeto, objeto o situación, para generar un criterio (puede o no devenir en una respuesta). |
| Tiempo de respuesta variable | Se refiere al periodo de tiempo que un alumno usa para solucionar un problema; éste puede ser veloz o lento. |
| Diversa autorregulación de emociones | Capacidad para gestionar de forma variada la reacción ante un estímulo voluntario o involuntario que haya provocado una irrupción en la ecuanimidad del alumno. Es decir, no existe un ideal de autorregulación de emociones. Hablamos del proceso que atraviesa un individuo para modificar su respuesta con el fin de ajustarse/acomodarse al ambiente en el que se desarrolla, ya sea de manera individual o colectiva. |

| Interacción social | Formas de relacionarse voluntaria o no (pasiva-activa) con otros miembros de algún grupo humano. En algunos casos se podrán manifestar dificultades en la habilidad de relacionarse por alguna condición específica (espectro autista discapacidad intelectual, etc.). También se reconoce la existencia de alumnos con una alta facilidad de afiliarse a grupos con otros niños, adolescentes, jóvenes y adultos; en donde las relaciones pueden estar motivadas por intereses comunes o gustos. En particular, puede depender del contexto proximal en el que se encuentre en un momento específico. |
|---|---|
| Aplicar lo que aprenden mediante diversos recursos | Situación en la que el individuo es capaz de utilizar y adaptar los conocimientos adquiridos y desarrollados mediante el conjunto de instrumentos, tecnologías, estrategias, materiales y técnicas, en distintos contextos y situaciones que se le presenten en su vida diaria a la hora de solucionar problemas. |
| Preferencia por uno o más temas | Presenta gusto por uno o más tópicos en un tiempo determinado. Según el desarrollo del individuo, esta preferencia puede continuar desaparecer o cambiar por algo que le resulte novedoso. |
| Creatividad | Procesos de integración que permiten dar respuesta(s) convencional(es) o no a una situación en particular para resolverla. |
| Mentalista | Procesos intrapsíquicos que pueden o no impactar en la conducta externalizada, y que consiste en analizar, reflexionar, proyectar y generar de manera divergente y no precisamente acorde a la actividad realizada en el momento. Incluso puede estar frente a una persona y sus pensamientos adelantándose a otras ideas o situaciones cotidianas |

Estos indicadores son la línea sobre la que versa toda la propuesta, mas debo reconocer que no busco que se conviertan en otro canon inamovible, sino que su vigencia de operación debería oscilar entre seis u ocho años. Pasado ese tiempo se debe reestudiar a las generaciones de las nuevas infancias y adolescencias para ajustarla a los contextos futuros.

De igual forma, pienso que el ponderar estos indicadores, y no otros, no lleva por intención el generar un nuevo mecanismo de exclusión para los del espectro de sobredotación que no encajen en esta visión de diversidad evaluada. Evidentemente, cuando evaluamos, algunos podrían no ser beneficiados, por lo que invito a los aplicadores a tener mente abierta y reconocer que el ser humano es un ente altamente cambiante. Por lo que, si pueden generar otras propuestas para detectarlos, no se detengan.

## 2.3.2.1. Observación participante

Este primer paso se vincula con la pirámide del enriquecimiento de la que se habló previamente; ambas sustituyen al paso denominado "fichas exploratorias" en las normas de Control Escolar.

Para explicar a mayor profundidad esta visión, comenzaré hablando sobre la observación participante, entendiéndola en el camino de la observación participativa.

(…) La observación participante es el proceso que faculta a los investigadores a aprender acerca de las actividades de las personas en estudio en el escenario natural a través de la observación y participando en sus actividades. Provee el contexto para desarrollar directrices de muestreo y guías de entrevistas (DeWALT & DeWALT 2002). SCHENSUL, SCHENSUL and LeCOMPTE (1999) definen la observación participante como "el proceso de aprendizaje a través de la exposición y el involucrarse en el día a día o las actividades de rutina de los participantes en el escenario del investigador".

(p.91). (B. Kawulich, 2005)

Por otro lado:

FINE (2003) usa el término *"peopled ethnography"* para describir un texto que facilita una interpretación del escenario y que describe las implicaciones teóricas a través del uso de viñetas, basadas en las notas de campo de observaciones, entrevistas, y productos de miembros del grupo. Él sugiere que la etnografía es más efectiva cuando se observa al grupo en estudio en escenarios que lo facultan a uno para "explorar las rutinas organizadas del comportamiento" (p.41). FINE, en parte, define la *"peopled ethnography"* como basada en una vasta observación en el campo, una actividad de labor intensiva que a veces tiene una duración de años. En esta descripción del proceso de observación, se espera que uno se convierta en parte del grupo estudiado, al punto de que los miembros incluyan al observador en la actividad y se vuelvan hacia el observador en busca de información acerca de cómo está operando el grupo. También indica que es en este punto, cuando los miembros empiezan a hacer al observador preguntas acerca del grupo y cuando ellos empiezan a incluir al observador en el "chismorroteo", que es hora de abandonar el campo. Este proceso que él describe como convertirse en parte de la comunidad, mientras se observan sus comportamientos y actividades, es llamada *observación participante*.

(B. Kawulich, 2005)

Lo cual genera cierta controversia:

(…) La pregunta que se hace con frecuencia es si el investigador debería preocuparse por la influencia que su rol de observador participativo tiene en la situación. MERRIAM (1998) sugiere que la pregunta no es si el proceso de observación afecta la situación o a los participantes, sino en cómo el observador tiene en cuenta dichos efectos al explicar los datos.

(B. Kawulich, 2005)

Lo mencionado al momento justifica por qué esta propuesta transita de una observación pasiva a una activa, ya que el acto educativo, *per se*, involucra a diferentes actores que sostienen relaciones que, a su vez, producen efectos, los cuales podríamos pensarlos como resultados; resultados que, a la vez, involucran el efecto del observador o aplicador. Es decir, la propuesta de 2006, sin buscarlo, generó en el imaginario del colectivo docente que para realizar la nominación libre y el inventario de aptitudes sobresalientes se debía efectuar una observación pasiva; porque se debía ser altamente objetivo. Bajo ninguna estela, en la propuesta, se pondera que el observador o aplicador tiene juego activo en la visibilización de lo que se considera sobresaliente.

En otras palabras, la forma de aplicar la observación para dar llenado a los instrumentos da, o no, juego para reconocer a un alumno con aptitud sobresaliente.

Trataré de clarificarlo más. En la propuesta de 2006, el docente de grupo debía nominar a alumnos que, desde su perspectiva, sobresalían en su grupo escolar. Él podía nominar a un alumno que, para sus estándares, mostraba ser sobresaliente; e, incluso, tenía la facultad de poner en el cadalso a un alumno sugerido por el docente previo del grupo, si éste no demostraba, dentro de su método de trabajo, lo sobresaliente que el docente anterior manifestó.

De forma oculta se estaba priorizando la observación pasiva, donde la influencia del docente no se considera un factor de generación, o no, de alumnos dentro del espectro de sobredotación. A pesar que es dentro de su método que se reconoce o no dicha aptitud.

Por eso, en esta relectura del programa de 2006, antes de hablar de instrumentos estandarizables, se debe reconocer la importancia de cambiar el paradigma de observación.

Si reconocemos que la observación participante requiere de registros constantes que hagan reflexionar al aplicador, en este caso al (los) docente(s), sobre los tipos de experiencias metodológicas que propone a sus alumnos para generar la sobredotación o no, podremos encaminarnos a pensar que la premura del llenado de formatos no es la prioridad, sino la interpretación que le damos al enriquecimiento en sí.

Con ello no se habla de observar en una sola exhibición, sino observar de manera procesual durante el ciclo escolar, o varios ciclos escolares, el desarrollo de los alumnos; así como la habilidad de los docentes implicados para apreciar la superdotación en cada una de las manifestaciones en que se pudiera presentar en los contextos naturales del encuentro; priorizando cómo van respondiendo a las nuevas condiciones educativas del programa de enriquecimiento, que de forma conjunta elaboran y aplican los docentes de regular, y especial (en caso de contar con), en ese contexto educativo.

Bajo este esquema postmodernista, en todo momento los docentes de aula regular y de educación especial se cuestionan sobre su quehacer en el proceso y cómo su intervención puede estar influyéndolo.

Por eso, recomiendo rescatar los datos significativos de los alumnos con hojas de evolución, diarios de trabajo pedagógico, cronogramas de atención, agendas mensuales, o cualquier instrumento de recogida de datos que permita a los docentes tener insumos para reflexionar los indicadores guías que se han colocado para esta esfera; previo al llenado de documentos formales sobre los alumnos y la pirámide del enriquecimiento que se esté aplicando.

Con todo esto trato de explicar que la propuesta de detección de alumnos con aptitudes sobresalientes que pongo en la mesa, en la etapa que no tiene que ver con aceleración curricular, no requiere de la aplicación de psicometría para determinar que un alumno tiene AS o no. Así como que dicha intervención-detección la debe realizar el docente frente al grupo, y, en caso de contar con personal de USAER, ser apoyados de forma activa en el diseño y aplicación de la pirámide de enriquecimiento.

## 2.3.2.2.  Registro cualitativo

El segundo paso de esta esfera lleva por nombre "**registro cualitativo**"[37] para preescolar, secundaria y CAM; sustituye a la "nominación/autonominación libre", "análisis de eviden-

---

[37] La versión en lengua yokot´án no fue incluida en este documento, pero está a cargo de la Mtra. Mariana de la Cruz García. Estos instrumentos beneficiarán a las escuelas bilingües de los municipios de Macuspana, Centla, Tenosique, Nacajuca, Macuspana, Tacotalpa y Balancán.

cias tangibles" y "entrevista a padres de familia" requeridas por las normas de Control Escolar.

El formato del registro cualitativo es el de una escala estimativa, que se divide en manifestaciones áulicas de cada indicador; con un espacio para observaciones del alumno, en donde se pueden colocar los datos que los tutores aporten en una entrevista semiestructurada que gire alrededor los elementos de cada indicador.

Para el nivel de preescolar se recomienda que el instrumento de registro cualitativo[38] sea aplicado por la educadora o tallerista de algún programa de enriquecimiento extracurricular que se esté aplicando, con apoyo del equipo de USAER, en caso de contar con uno.

---

**REGISTRO CUALITATIVO**
(Santiago & García, 2022)

Indicadores de desempeño para la observación e identificación de aptitudes sobresalientes en Educación

**Instrucciones:** lea con atención los criterios de cada categoría y en relación con el desempeño del alumno(a) que destaque significativamente del resto del grupo, seleccione y marque con una X la columna del indicador que mejor describa su nivel de desempeño.

Nombre del alumno _____ Edad _____
Grado _____ Grupo _____ CURP _____

| Procesamiento de la información | Nunca | Algunas veces | Casi siempre | Siempre |
|---|---|---|---|---|
| 1. Comprende las instrucciones o pasos a seguir para realizar una actividad. | | | | |
| 2. Conserva la atención durante la actividad que va a desarrollar. | | | | |
| 3. Mantiene la concentración durante la realización de actividades largas. | | | | |
| 4. Cuando se distrae, logra por sí solo retomar la atención hacia la actividad. | | | | |

Observaciones del alumno

| Curiosidad | Nunca | Algunas veces | Casi siempre | Siempre |
|---|---|---|---|---|
| 5. Realiza muchas preguntas para saber más sobre un tema que es de su interés. | | | | |
| 6. Investiga en diversos medios información sobre sus temas de interés. | | | | |
| 7. Tiene conocimiento propio sobre temas que le interesan. | | | | |
| 8. Demuestra interés cuando algo le genera curiosidad mediante cuestionamientos, observación, manipulación, repetición y exploración. | | | | |

Observaciones del alumno

---

[38] Elaborado por Mtra. Daniela Sthefany Santiago Hernández y Mtra. Wendy Stephanie García Padrón.

| Análisis y síntesis | Nunca | Algunas veces | Casi siempre | Siempre |
|---|---|---|---|---|
| 9. Comprende, procesa y da respuesta a cuestionamientos, operaciones y retos motores que se le realizan. | | | | |
| 10. Organiza, expresa y ejecuta sus ideas sobre lo que ha aprendido de un tema. | | | | |
| 11. Es capaz de explicar, ejecutar o solucionar algo, haciendo uso de sus conocimientos previos. | | | | |
| 12. Plantea diversas soluciones ante una situación que se le presenta. | | | | |

Observaciones del alumno

| Tiempo de respuesta variable | Nunca | Algunas veces | Casi siempre | Siempre |
|---|---|---|---|---|
| 13. Organiza su tiempo en las actividades que realiza. | | | | |
| 14. Toma su tiempo para pensar lo que va a desarrollar y busca los medios para realizarlo. | | | | |
| 15. Muestra inquietud cuando no tiene suficiente tiempo para realizar una actividad. | | | | |
| 16. En actividades de mayor dificultad, su tiempo de respuesta es más lento de lo normal. | | | | |

Observaciones del alumno

| Diversa autorregulación de emociones | Nunca | Algunas veces | Casi siempre | Siempre |
|---|---|---|---|---|
| 17. Reconoce situaciones que le generan alegría, enojo, tristeza, preocupación. | | | | |
| 18. Habla de sus conductas y de las de otros y explica consecuencias de algunas de ellas. | | | | |
| 19. Modifica su actuar al encontrarse en distintos contextos y con distintas personas. | | | | |
| 20. Regula sus emociones para solucionar conflictos con sus pares y adultos. | | | | |
| 21. Muestra poco interés por expresar su sentir y pensamientos con los demás. | | | | |

Observaciones del alumno

| Interacción social | Nunca | Algunas veces | Casi siempre | Siempre |
|---|---|---|---|---|
| 22. Participa de forma activa o pasiva en grupos sociales, asumiendo el rol que le corresponde. | | | | |
| 23. Reconoce normas de convivencia y las aplica en los distintos escenarios que se desenvuelve. | | | | |
| 24. Muestra facilidad para relacionarse con niños, adolescentes, jóvenes y adultos. | | | | |
| 25. Se expresa con seguridad y defiende sus ideas ante los demás. | | | | |
| 26. Presenta dificultad para interactuar con sus pares y adultos. | | | | |

Observaciones del alumno

| Aplicar lo que aprenden mediante diversos recursos | Nunca | Algunas veces | Casi siempre | Siempre |
|---|---|---|---|---|
| 27. Utiliza sus conocimientos y habilidades motoras en los distintos contextos en los que se desenvuelve. | | | | |
| 28. Plantea supuestos de algunos temas integrando lo que sabe al respecto. | | | | |
| 29. Elige la opción que considera más acertada para solucionar o ejecutar alguna tarea. | | | | |
| 30. Explica las razones por las que elige algún recurso tecnológico o material para la solución de algún problema. | | | | |
| 31. Describe lo que realizará en una determinada situación y lo aplica. | | | | |

Observaciones del alumno

| Preferencia por uno o más temas | Nunca | Algunas veces | Casi siempre | Siempre |
|---|---|---|---|---|
| 32. Comunica sobre el o los tópicos de interés que tiene. | | | | |
| 33. Indaga, de acuerdo con sus posibilidades, sobre el o los temas que le interesan. | | | | |
| 34. Posee un amplio conocimiento de uno o más temas de interés. | | | | |
| 35. Modifica sus gustos e intereses en distintos tiempos. | | | | |
| 36. Aplica sus estrategias desarrolladas cuando opta por otros contenidos novedosos. | | | | |
| Observaciones del alumno | | | | |

| Creatividad | Nunca | Algunas veces | Casi siempre | Siempre |
|---|---|---|---|---|
| 37. Construye, con recursos propios, distintos trabajos y materiales. | | | | |
| 38. Presenta ideas fuera de lo común, o no, para resolver o ejecutar algún problema/situación. | | | | |
| 39. Convierte un trabajo sencillo en algo novedoso usando diversos recursos. | | | | |
| 40. Muestra habilidades sobresalientes en diversas manifestaciones artísticas, motoras e intelectuales. | | | | |
| Observaciones del alumno | | | | |

| Mentalista | Nunca | Algunas veces | Casi siempre | Siempre |
|---|---|---|---|---|
| 41. Manifiesta o comunica sobre algún amigo(a) imaginario. | | | | |
| 42. Comparte o demuestra poseer muchas ideas en su cabeza. | | | | |
| 43. Comparte con sus pares pensamientos de un mayor nivel, en comparación con su edad. | | | | |
| 44. Logra diferenciar entre la realidad y la fantasía. | | | | |
| 45. Posee un nivel de imaginación que se encuentra basado en ideas reales, pero interesantes. | | | | |
| Observaciones del alumno | | | | |

Para el nivel de secundaria se recomienda que el instrumento de registro cualitativo[39] sea aplicado por alguna de las academias del plantel o tallerista de algún programa de enriquecimiento extracurricular que se esté aplicando, con apoyo del equipo de USAER, en caso de contar con uno.

| REGISTRO CUALITATIVO (Fuentes & Valencia, 2022) |
|---|
| Indicadores de desempeño para la observación e identificación de aptitudes sobresalientes en Educación |
| **Instrucciones:** lea con atención los criterios de cada categoría y en relación con el desempeño del alumno(a) que destaque significativamente del resto del grupo, seleccione y marqué con una X la columna del indicador que mejor describa su nivel de desempeño. |

Nombre del alumno _____ Edad _____
Grado _____    Grupo _____    CURP _____

[39] Elaborado por el Mtro. Hervey Fuentes de la Cruz.

| Procesamiento de la información | Nunca | Algunas veces | Casi siempre | Siempre |
|---|---|---|---|---|
| 1. Capacidad para emitir opiniones basadas o sustentadas en aprendizajes previos u otras fuentes de información. | | | | |
| 2. Metacognición: el alumno o la alumna puede evaluarse a sí mismo a consciencia, conociendo sus habilidades, limitaciones y áreas de mejora. | | | | |
| 3. Funcionamiento cognitivo superior: capacidad para comprender y expresar la enseñanza de las moralejas, dobles sentidos, refranes o dichos. | | | | |
| 4. Utiliza mnemotécnicas para aprender información: rimas, asociaciones, acrónimos, palabras claves, otros. | | | | |
| 5. Es capaz de sintetizar información de una lectura, exposición, película, etc. Y puede generar una explicación concreta, pero sustanciosa. | | | | |
| Observaciones del alumno | | | | |
| | | | | |

| Curiosidad | Nunca | Algunas veces | Casi siempre | Siempre |
|---|---|---|---|---|
| 6. Puede hacer muchas preguntas sobre un tema, con la intención de conocer detalles y reafirmar información. | | | | |
| 7. Realiza acercamientos de manera personal a docentes, o fuentes de información, como la biblioteca, en búsqueda de datos de interés. | | | | |
| 8. Conoce revistas, páginas de internet y variedad de materiales sobre temas que le generan "curiosidad" por entender. | | | | |
| 9. Con regularidad pregunta el significado de ciertas palabras a los integrantes de su comunidad escolar o las busca en diversos materiales de consulta de manera autodidáctica. | | | | |
| 10. Muestra iniciativa para buscar información adicional para una tarea o clase, con la intención de aportar elementos de mayor profundidad. | | | | |
| Observaciones del alumno | | | | |

| Análisis y síntesis | Nunca | Algunas veces | Casi siempre | Siempre |
|---|---|---|---|---|
| 11. Denota gusto por argumentar sobre temas controversiales. | | | | |
| 12. Muestra habilidad para dar sus opiniones, evidenciando que logra tener comprensión profunda de temas o situaciones. | | | | |
| 13. Puede encontrar la falla, debilidad o mejora de una situación, planteamiento o propuesta. | | | | |
| 14. Puede realizar esquemas, cuadros sinópticos u opiniones con información principal de un tema. | | | | |
| 15. Logra distinguir lo que es principal y secundario, lo que es prioridad y lo que no lo es. | | | | |
| Observaciones del alumno | | | | |

| Tiempo de respuesta variable | Nunca | Algunas veces | Casi siempre | Siempre |
|---|---|---|---|---|
| 16. El alumno puede demorarse más tiempo del habitual, pero al final obtiene un resultado satisfactorio. | | | | |
| 17. El alumno descompone el aprendizaje y puede explicar las partes que integran la tarea dada. | | | | |
| 18. Puede mostrarse lento o ensimismado en el proceso reflexión para el aprendizaje. | | | | |
| 19. Sorprende la velocidad con la que aprende pasos, procesos y maneja situaciones. | | | | |
| 20. Prefiere pensar detenidamente antes de actuar; puede parecer lento o perezoso. | | | | |
| Observaciones del alumno | | | | |

122

| Diversa autorregulación de emociones | Nunca | Algunas veces | Casi siempre | Siempre |
|---|---|---|---|---|
| 21. Muestra capacidad para afrontar situaciones estresantes. Ejemplo: crítica de un compañero. | | | | |
| 22. Es consciente y verbaliza adecuadamente sus emociones Ejemplo: "Estoy enojado, pero…". | | | | |
| 23. Resiliencia: logra extraer "cosas" buenas de algo malo que haya vivido. | | | | |
| 24. A pesar de mostrar afectación emocional, puede sobreponerse y terminar tareas y lograr objetivos. | | | | |
| 25. Puede adaptarse a un acuerdo colectivo, aunque no comparta las mismas ideas de manera individual. | | | | |

Observaciones del alumno

| Interacción social | Nunca | Algunas veces | Casi siempre | Siempre |
|---|---|---|---|---|
| 26. Participa de forma activa o pasiva en grupos sociales, asumiendo el rol que le corresponde. | | | | |
| 27. Reconoce normas de convivencia y las aplica en los distintos escenarios que se desenvuelve. | | | | |
| 28. Muestra facilidad para relacionarse con niños, adolescentes, jóvenes y adultos. | | | | |
| 29. Se expresa con seguridad y defiende sus ideas ante los demás. | | | | |
| 30. Presenta dificultad para interactuar con sus pares y adultos. | | | | |

Observaciones del alumno

| Aplicar lo que aprenden mediante diversos recursos | Nunca | Algunas veces | Casi siempre | Siempre |
|---|---|---|---|---|
| 31. Cuando entrega sus tareas se percibe la aplicación de otras asignaturas o habilidades que proporcionan un "plus". | | | | |
| 32. Puede explicar cómo resolver un problema trayendo información que haya aprendido en otro lugar. | | | | |
| 33. Expresa de alguna manera formas incorrectas de realizar una actividad, producto de un aprendizaje previo. Es decir, logra percibir cuando algo se está haciendo mal. | | | | |
| 34. En trabajos colectivos expone una fortaleza que puede impactar el resultado final. Ejemplo: "Yo puedo hacer el mapa conceptual". | | | | |
| 35. Propone mejoras a un trabajo ya terminado, como producto de "cosas" aprendidas o vivenciadas. | | | | |

Observaciones del alumno

| Preferencia por uno o más temas | Nunca | Algunas veces | Casi siempre | Siempre |
|---|---|---|---|---|
| 36. Busca información, libros, objetos, videos y otras "cosas" sobre un tema de mucho interés | | | | |
| 37. Dentro de sus pláticas hace referencias constantes a datos curiosos o información sobre temas de interés. Ejemplo: dinosaurios, ovnis, robótica, moda, culturas, etcétera. | | | | |
| 38. Puede tener formas únicas para hacer las cosas, respetar procesos o pasos de manera exagerada. | | | | |
| 39. Los temas de interés o comportamientos particulares pueden ir cambiando durante el tiempo, pero permanecen por un periodo de tiempo considerable | | | | |
| 40. Observa comportamientos específicos, como: lenguaje muy elaborado, gustos particulares por objetos, lugares, ruidos, temperaturas, texturas, etcétera. | | | | |

Observaciones del alumno

| Creatividad | Nunca | Algunas veces | Casi siempre | Siempre |
|---|---|---|---|---|
| 41. Denota ideas o propuestas fuera de lo común que solucionan una dificultad presente. | | | | |
| 42. Pareciera que siempre tiene una idea para proponer ante una situación específica. | | | | |
| 43. Tras un análisis minucioso propone ideas viables en tiempo y formas. | | | | |
| 44. Expone habilidades intelectuales, artísticas, sociales y otros, por encima de la media para su edad cronológica. | | | | |
| 45. Puede emplear hábilmente recursos que se encuentran a su alrededor para solucionar un problema. Usa material reciclado, cosas y objetos propios o del contexto. | | | | |
| Observaciones del alumno | | | | |
| | | | | |

| Mentalista | Nunca | Algunas veces | Casi siempre | Siempre |
|---|---|---|---|---|
| 46. Expresa tener muchas ideas en su mente, la cuales parecen fluir de manera acelerada. | | | | |
| 47. Puede estar frente a una persona y sus pensamientos adelantándose a otras ideas, situaciones o fases posteriores de un proyecto. | | | | |
| 48. En ocasiones pareciera que no escucha o presta atención, pero puede detallar cuando se le pregunta sobre el tema en cuestión. | | | | |
| 49. Puede generar un análisis entre lo utópico (fantasioso) y la realidad, es decir, que puede saber cuando algo resulta fantasioso y cuando algo es posible. | | | | |
| 50. Tiene ciertos rituales o requerimientos para concentrarse, inspirarse o generar ideas: música, aislarse, etcétera. | | | | |
| Observaciones del alumno | | | | |
| | | | | |

Para la modalidad de CAM se recomienda que el instrumento de registro cualitativo[40] sea aplicado por el docente frente al grupo o tallerista de algún programa de enriquecimiento extra-curricular que se esté aplicando. Este instrumento es aplicable a alumnos con discapacidad que cursen la modalidad de escuela regular y sean candidatos a la doble excepcionalidad.

| REGISTRO CUALITATIVO (Solís, 2022) |
|---|
| Indicadores de desempeño para la observación e identificación de aptitudes sobresalientes en CAM |
| **Instrucciones:** lea con atención los criterios de cada categoría y en relación con el desempeño del alumno(a) que destaque significativamente del resto del grupo, seleccione y marque con una X la columna del indicador que mejor describa su nivel de desempeño. |

Nombre del alumno _____ Edad _____
Grado _____ Grupo _____ CURP _____

---

[40] Elaborado por el Mtro. Manuel Solis Córdova.

| Procesamiento de la información | Nunca | Algunas veces | Casi siempre | Siempre |
|---|---|---|---|---|
| 1. Mantiene la concentración en actividades de largos periodos de realización. | | | | |
| 2. Si se distrae, consigue reorientar la atención hacia la actividad. | | | | |
| 3. Atiende varias fuentes de estímulos sin perder la secuencia de la tarea que está realizando. | | | | |
| 4. Sigue instrucciones sin necesidad de mayor repetición. | | | | |
| 5. Elabora una lista de ideas que posteriormente ordena o jerarquiza para darle sentido y comprender el tema de estudio. | | | | |

Observaciones del alumno

| Curiosidad | Nunca | Algunas veces | Casi siempre | Siempre |
|---|---|---|---|---|
| 6. Focaliza su atención en aspectos relevantes del ambiente para la actividad que va a desarrollar. | | | | |
| 7. Plantea hipótesis o explicaciones frente a diversos fenómenos, integrando sus conocimientos previos. | | | | |
| 8. Planifica lo que piensa desarrollar y busca los medios para lograrlo. | | | | |
| 9. Percibe detalles importantes y los transforma en ideas para resolver un problema. | | | | |
| 10. Explora los objetos que le rodean, experimentando con ellos (manipulando, desarmando e integrando de nuevo) sus propiedades físicas. | | | | |

Observaciones del alumno

| Análisis y síntesis | Nunca | Algunas veces | Casi siempre | Siempre |
|---|---|---|---|---|
| 11. Establece una secuencia de pasos ordenadas de manera lógica para realizar una tarea por sí mismo o con ayuda. | | | | |
| 12. Identifica las relaciones entre una situación, tarea u objeto (cómo se crean los conflictos, cómo se calienta el agua, cómo se produce hielo, de qué está hecha una mesa). | | | | |
| 13. Comprende las relaciones de causa y efecto en la exploración del mundo natural y social. | | | | |
| 14. Comprende la importancia de establecer rutinas en la vida diaria para el desarrollo de hábitos (de estudio, higiene y cuidado del espacio personal y social). | | | | |
| 15. Toma decisiones basadas en circunstancias para evitar factores de riesgo y salvaguardar su integridad personal. | | | | |

Observaciones del alumno

| Tiempo de respuesta variable | Nunca | Algunas veces | Casi siempre | Siempre |
|---|---|---|---|---|
| 16. Resuelve un problema siguiendo el procedimiento acorde con lo esperado. | | | | |
| 17. En un debate presenta argumentos claros y concisos sobre lo que piensa y reconoce argumentos en contra o a favor de los suyos. | | | | |
| 18. Organiza su tiempo para cumplir satisfactoriamente con las tareas escolares. | | | | |
| 19. Usa un conocimiento que le es familiar o que ya domina para explicar fenómenos poco conocidos. | | | | |
| 20. Establece un tiempo considerable para ejecutar la instrucción y presentar su resultado o producto. | | | | |

Observaciones del alumno

| Diversa autorregulación de emociones | Nunca | Algunas veces | Casi siempre | Siempre |
|---|---|---|---|---|
| 21. Aplica estrategias de afrontamiento cuando debe asumir una situación difícil. | | | | |
| 22. Reacciona de manera asertiva ante la presencia (o ausencia) de sentimientos negativos con respecto a quién es, lo que ha logrado o lo que no. | | | | |
| 23. Expresa sus deseos, intereses y opiniones hacia otra persona y escucha con atención cuando la otra parte le expresa lo mismo. | | | | |
| 24. Reconoce las situaciones que le provocan enojo o tristeza y busca canalizar la emoción en actividades que le produzcan placer. | | | | |
| 25. Conoce las normas y las reglas escolares, reconoce escenarios en los que se cumplen y cuándo se rompen. | | | | |

Observaciones del alumno

| Interacción social | Nunca | Algunas veces | Casi siempre | Siempre |
|---|---|---|---|---|
| 26. Manifiesta conciencia de las normas o reglas que hay en su casa, escuela y lugares de esparcimiento (cines, parques, plazas, restaurantes, etc.), y las pone en práctica para la convivencia con los demás. | | | | |
| 27. Tiene adecuadas habilidades para relacionarse con pares y adultos. | | | | |
| 28. Mantiene una conversación respetando las formas pragmáticas, como saludo, respeto del turno y discurso oral. | | | | |
| 29. Participa en grupos sociales de su comunidad, asumiendo con responsabilidad la tarea asignada. | | | | |
| 30. Comparte sus pertenencias con los demás dentro del salón de clases y cuida las que a él le son prestadas, devolviendo las cosas ajenas al profesor según el caso o situación. | | | | |

Observaciones del alumno

| Aplicar lo que aprenden mediante diversos recursos | Nunca | Algunas veces | Casi siempre | Siempre |
|---|---|---|---|---|
| 31. Es flexible ante los cambios previstos. | | | | |
| 32. Cuenta con habilidades de lectura y escritura acorde con su edad y escolaridad o se encuentra en proceso de adquirirlas. | | | | |
| 33. Tiene un concepto adecuado del dinero, del tiempo y domina las operaciones básicas. | | | | |
| 34. Utiliza las estrategias que ha desarrollado para aprender nuevas habilidades cuando sus preferencias cambian. | | | | |
| 35. Identifica las cosas que le gustan, como alimentos, prendas de vestir, calzado, música o juegos, y solicita su satisfacción mediante compras por sí mismo o de un adulto. | | | | |

Observaciones del alumno

| Preferencia por uno o más temas | Nunca | Algunas veces | Casi siempre | Siempre |
|---|---|---|---|---|
| 36. Define con claridad el tema(s) o actividad(des) que es de su interés y lo manifiesta por tiempo prolongado (dos semanas o más). | | | | |
| 37. Busca información sobre el tema o actividad de su interés preguntando a sus mayores o buscando en diferentes fuentes de información, incluyendo las TIC. | | | | |
| 38. Demuestra un conocimiento destacado del tema(s) o actividad(des) de su interés, explicando diferentes aspectos cuando los comparte con otra persona. | | | | |
| 39. Demuestra una o más habilidades acerca del tema o actividad de su interés a través del desarrollo de proyectos individuales o colectivos y busca perfeccionarlas. | | | | |
| 40. Utiliza dispositivos electrónicos para comunicarse o realizar tareas escolares, comunicarse con otros o satisfacer tiempos de ocio. | | | | |

Observaciones del alumno

| Creatividad | Nunca | Algunas veces | Casi siempre | Siempre |
|---|---|---|---|---|
| 41. Produce muchas ideas, relaciones y expresiones en un periodo corto para atender una situación. | | | | |
| 42. Plantea soluciones poco frecuentes, comunes, sorprendentes o nuevas para resolver una situación o lograr un objetivo. | | | | |
| 43. Demuestra habilidades de adaptación y espontaneidad ante situaciones que cambian de manera repentina (por ejemplo, en un juego). | | | | |
| 44. Muestra habilidades sobresalientes en las diferentes manifestaciones artísticas. | | | | |
| 45. Muestra habilidades sobresalientes en una o más de las diferentes manifestaciones artísticas. | | | | |
| Observaciones del alumno | | | | |
| | | | | |

| Mentalista | Nunca | Algunas veces | Casi siempre | Siempre |
|---|---|---|---|---|
| 46. Organiza, jerarquiza y relaciona apropiadamente los conceptos que ha aprendido sobre un tema en particular. | | | | |
| 47. Considera diversas rutas para resolver una tarea dada y elige la más adecuada. | | | | |
| 48. Reconoce cuándo debe cambiar lo que ha planeado o cuándo comete errores y cómo corregirlos. | | | | |
| 49. Anticipa lo que hará frente a una determinada situación y lo implementa cuando llegue el momento. | | | | |
| 50. Asume el error como parte de su aprendizaje y lo emplea para descubrir nuevas formas de resolución. | | | | |
| Observaciones del alumno | | | | |
| | | | | |

Es necesario puntualizar que estos instrumentos se encuentran en la fase de validación, la cual se realizará mediante artículos académicos posteriores; así como que se deben aplicar tras haber realizado por un tiempo considerable la esfera de la pirámide del enriquecimiento junto a la observación participante.

Si bien el tiempo de aplicación de la esfera previa es variable, queda a elección del colectivo docente implicado el momento ideal para hacer un corte de evaluación. Por eso se debe priorizar la estimulación, no importando el tiempo que se requiera para la misma.

Cabe destacar que este proceso determina de qué manera está siendo sobresaliente el alumno; por lo que, al llegar al mismo, se reconoce algún elemento del espectro de la sobredotación. En otras palabras, no se aplica pensando en si es o no sobresaliente, pues la presente propuesta no pregunta quién es sobresaliente, sino que reformula la cuestión: ¿cómo es sobresaliente?

De igual manera, este instrumento puede ser usado para llevar el registro de avance de los alumnos que ya cuentan con la asignación de alguna manifestación del espectro de la sobredotación.

## 2.3.2.3. Inventario de aptitudes sobresalientes

El tercer paso es la aplicación del "**inventario de aptitudes sobresalientes[41]**" para Preescolar, Secundaria y CAM; el cual lleva el mismo nombre que el que solicitan las normas de Control Escolar para el nivel de primaria[42].

Junto con el equipo K'ajalín pensé que el diseño de este instrumento debía ser diferente al planteamiento que usa el de primaria, pues si hablábamos de que de forma transversal los indicadores se manifiestan en cualquiera de las aptitudes ponderadas por el programa de 2006, el instrumento tendría que hacerlo visible. Es decir, el instrumento nos ayudaría a ver, al mismo tiempo, las aptitudes dominantes y recesivas de un sujeto.

Por lo que no estamos interesados en ver al sujeto fragmentado por aptitudes aisladas, sino verlo en la complejidad que representa su personalidad específica, construida por las manifestaciones variadas que por cada indicador se pudieran presentar. En otras palabras, una minirepresentación del

---

[41] La versión en lengua yokot'án no fue incluida en este documento, pero está a cargo de la Mtra. Mariana de la Cruz García. Estos instrumentos beneficiarán a las escuelas bilingües de los municipios de Macuspana, Centla, Tenosique, Nacajuca, Macuspana, Tacotalpa y Balancán.

[42] Por solicitud del encargado del Departamento Técnico Pedagógico no se realizó ajuste al inventario de Primaria; debido a que aparece citado dentro del expediente que se requiere para el proceso de aceleración, lo que implicaría una modificación en el terreno legal y la propuesta no llega a esos alcances, sino que trabaja con los vacíos legales.

espectro de sobredotación. Al igual que el instrumento anterior, no está pensado como un instrumento de exclusión al programa, sino como un apoyo de evaluación de la personalidad que ayude a la orientación o reorientación de la pirámide del enriquecimiento.

Este instrumento está diseñado en formato de rúbrica. Cuenta con ocho indicadores que describen manifestaciones en las cinco esferas de aptitudes sobresalientes que el programa de 2006 privilegió; por lo cual, presenta un alto espectro de posibilidades para definir la conducta sobresaliente de un alumno.

Para el nivel de preescolar, el inventario de aptitudes sobresalientes[43] será aplicado por la educadora o tallerista de algún programa de enriquecimiento extracurricular que se esté aplicando, de forma conjunta con el equipo de USAER, en caso de contar con uno.

| INVENTARIO DE APTITUDES SOBRESALIENTES NIVEL PREESCOLAR (Santiago & García, 2022) |
|---|
| **Instrucciones:** selecciona la afirmación que muestre(n) la(s) manifestación(es) más característica(s) del alumno(a) en cada uno de los criterios, con la intención de apreciar su(s) aptitud(es) dominante(s) y cómo se está manifestando su sobredotación. Si cuentas con algún servicio de Educación Especial se recomienda contestarlo de manera conjunta; de no ser así, no existe ningún inconveniente para su aplicación. |
| Este instrumento es relevante porque guiará los ajustes que sean necesarios para el programa de enriquecimiento que se está aplicando en la institución. |

Alumno _____ Edad _____ Grado _____ Grupo _____ CURP _____

| Criterio | Aptitud | | | | |
|---|---|---|---|---|---|
| | Artística | Intelectual | Creativa | Psicomotora | Socioafectiva |
| Procesamiento de la información | Comprende las instrucciones, propicia la atención y la receptividad en actividades de producción, audición y apreciación. | Atiende y comprende indicaciones, ejercicios, problemas y actividades, mostrando conocimiento académico y aprendizaje personal. | Entiende rápidamente las indicaciones, genera ideas diferentes, originales y novedosas manteniendo la concentración. | Comprende las instrucciones y mantiene la concentración en el desarrollo de actividades que requieren de control y precisión corporal. | Entiende indicaciones e identifica lo que puede hacer con o sin ayuda. En algunas ocasiones puede solicitar apoyo cuando lo necesita y en otras ocasiones persiste en la realización de las actividades. |

---

[43] Elaborado por Mtra. Daniela Sthefany Santiago Hernández y Mtra. Wendy Stephanie García Padrón.

| | | | | | |
|---|---|---|---|---|---|
| Curiosidad | Manifiesta interés por las secuencias de sonidos y por la manipulación de diversos materiales, herramientas y técnicas. | Muestra interés por indagar o conocer temas específicos para adquirir y manejar esos contenidos dentro y fuera del aula. | Muestra capacidad para brindar información de temas de su interés y es capaz de proponer nuevos temas originales. | Muestra conocimiento de su estructura corporal y manifiesta interés por identificar sus posibilidades motrices y expresivas en el desarrollo de la acción motriz. | Demuestra un grado de interés variable por relacionarse con los demás por medio de planteamientos, observación o por contacto, en distintos contextos. |
| Análisis y síntesis | Es capaz de organizar y expresar sus ideas para manifestar sus conocimientos en el manejo de técnicas (modelado, pintura y dibujo), en la producción de sonidos y en la ejecución de secuencias de movimiento corporal. | Muestra capacidad para dar respuesta a cuestionamientos o retos que se le presentan, partiendo de sus conocimientos y ejecutando una de sus ideas planteadas. | Tiene habilidad para comprender, procesar y dar respuesta a diversas situaciones, produciendo un gran número de ideas sobre un mismo tema, sea o no de su interés. | Organiza mentalmente sus ideas, las procesa y es capaz de explicar y ejecutar retos motores que implican organización temporal, lateralidad, equilibrio y coordinación de su cuerpo. | Expone, mediante su cuerpo y el habla, sus conductas y las de sus compañeros; explica las consecuencias de sus actos y reflexiona ante situaciones que le generen desacuerdo. |
| Tiempo de respuesta variable | Organiza su tiempo en las diversas actividades de artes, música, expresión corporal y dramatización que va a desarrollar según la dificultad que tengan. | Es capaz de dar respuesta a actividades tomándose su propio tiempo y considerando la complejidad de problemas sobre contenidos verbales, lógicos, numéricos, espaciales y figurativos. | Su tiempo de respuesta es variable, esto le permite generar un gran número de ideas originales y única, dependiendo del tema o de la situación. | Toma su tiempo para la realización de actividades de locomoción, manipulación, estabilidad, control y precisión corporal, según la dificultad que tengan, ya sea de manera individual o colectiva. | Muestra persistencia en la realización de actividades desafiantes y actúa, comparte o toma decisiones para concluirlas en diferentes tiempos y espacios. |
| Diversa autorregulación de emociones | Muestra y regula sus emociones (felicidad, miedo, enojo, tristeza, asombro) mediante la realización de actividades de expresión y apreciación artística. | Modifica su actuar emocional ante distintas tareas que se le presentan en las distintas áreas de conocimiento, habilidades y contenidos de interés. | Es capaz de reconocer y hablar de sus conductas y emociones, modificando su manera de actuar a través de la reflexión individual o colectiva. | Reconoce y habla de las emociones (felicidad, miedo, enojo, tristeza, asombro) que le generan realizar actividades de motricidad e integración corporal en el logro de metas específicas. | Reconoce y nombra/comparte situaciones que le generan alegría, seguridad, tristeza, miedo o enojo, y lo expresa a la hora de atender o solucionar algún conflicto. |
| Interacción social | Participa y se relaciona en distintos escenarios y con distintas personas: niños, adolescentes, jóvenes y adultos, por medio de la expresión de palabras, de otros signos o con su cuerpo. | Aplica distintas formas de participación, activa o pasiva, de acuerdo con la organización para la realización de la actividad o ejercicio: parejas, equipos o grupal. | Participa y propone ideas para relaciones con sus pares y otras personas, promoviendo normas de convivencias originales e innovadoras. | Reconoce distintas formas de participación e interacción en juegos y actividades físicas que implican seguir normas básicas de convivencia con otras personas. | Muestra distintas formas de relacionarse con los demás niños y adultos; en juegos, en actividades escolares y en la propia convivencia que tiene dentro y fuera de las aulas. |

| Aplicar lo que aprenden mediante diversos recursos | Permite la manipulación de diversos materiales y herramientas artísticas y la experimentación de sensaciones al realizar creaciones propias o presentaciones de baile. | Pone en práctica sus conocimientos académicos y sus habilidades intelectuales en tareas específicas y en su actuar cotidiano. | Utiliza sus conocimientos y elige la opción que él o ella considera para solucionar o ejecutar alguna tarea, agregando detalles a las cosas para hacerlas innovadoras y creativas. | Hace uso de los conocimientos que tiene y pone en práctica sus habilidades motoras al ejecutar alguna tarea o solucionar un problema en específico. | Muestra su iniciativa personal al seleccionar los recursos que necesita para llevar a cabo las actividades que decide realizar, con o sin ayuda. |
|---|---|---|---|---|---|
| Preferencia por uno o más temas | Indaga y comunica de distintas maneras información sobre temas de las artes que le interesen, siendo posible un cambio por tópicos que llamen su atención y amplíen su conocimiento. | Se interesa por ciertos tópicos en áreas de conocimiento específicas o transversales, lo cual le permite indagar y adquirir ciertos conocimientos de acuerdo con sus prioridades. | Muestra capacidad para comunicar lo que sabe sobre sus temas de interés, encontrando relaciones adecuadas entre temas que aparentemente no tienen nada en común y ampliando de manera novedosa su conocimiento. | Pone en práctica los conocimientos que tiene de la acción motriz y modifica sus gustos e intereses conforme desarrolla y ejecuta diversas actividades. | Se expresa con seguridad y defiende de alguna manera sus ideas ante temas y tópicos que causan ciertas emociones en su persona, en convivencia con los demás. |
| Creatividad | Es capaz de crear y presentar ideas novedosas y fuera de lo común en distintas manifestaciones artísticas que son de su agrado. | Es capaz de solucionar un problema o tarea, creando y utilizando sus propios recursos, aprendizajes adquiridos y conocimientos de distintas áreas, mostrando una gran capacidad de inventiva. | Produce un gran número de ideas fuera de lo común, convirtiendo algo sencillo en algo novedoso, realizando trabajos únicos y originales, haciendo uso de diversos recursos, incluidos los propios. | Muestra habilidades destacadas en la ejecución de actividades motoras, como: manipulación, estabilidad, control, precisión, lateralidad, equilibrio y coordinación; convirtiendo algo sencillo en novedoso. | Colabora en distintas actividades, propone ideas novedosas y considera la aportación de los demás cuando participa en equipos escolares y en grupos sociales. |
| Mentalista | Expresa con soltura lo que siente e imagina al observar o crear distintas obras artísticas, como pinturas, esculturas, danzas y teatro. | Demuestra poseer pensamientos de mayor nivel en los distintos campos del quehacer humano; esto en comparación con su edad. En algunos casos es posible que pueda compartirlos con los demás. | Posee un alto nivel de imaginación y de ideas innovadoras basadas en pensamientos reales, transformando su manera de pensar. | Dice lo que siente o imagina al crear y descubrir nuevos movimientos corporales y al aplicarlos en la ejecución de diversas actividades motrices. | Expresa y comparte con los demás sus ideas e inquietudes que crea de forma personal, pero que muestran un alto grado de pensamiento con apego a la realidad. |

Para el nivel de secundaria, el inventario de aptitudes sobresalientes[44] será aplicado por una academia específica o tallerista de algún programa de enriquecimiento extracurricular, de forma conjunta con el equipo de USAER, en caso de contar con uno.

---

[44] Elaborado por el Mtro. Hervey Fuentes de la Cruz.

Cabe mencionar que se omite la aptitud creativa debido a que, por el desarrollo de los sujetos con aptitudes sobresalientes, se espera que en este nivel la creatividad se especialice en talentos específicos que se derivan de las otras esferas de aptitudes sobresalientes.

| INVENTARIO DE APTITUDES SOBRESALIENTES NIVEL SECUNDARIA | | | | | |
|---|---|---|---|---|---|
| (Fuentes & Valencia, 2022) | | | | | |

**Instrucciones:** como academia selecciona la afirmación que muestre(n) la(s) manifestación(es) más característica(s) del alumno(a) en cada uno de los criterios, con la intención de apreciar su(s) aptitud(es) dominante(s) y cómo se está manifestando su sobredotación. Si cuentas con algún servicio de Educación Especial se recomienda contestarlo de manera conjunta; de no ser así, no existe ningún inconveniente para su aplicación.

Este instrumento es relevante porque guiará los ajustes que sean necesarios para el programa de enriquecimiento que se está aplicando en la institución.

Alumno _____ Edad\_\_\_\_\_ Grado _____ Grupo _____ CURP

| CRITERIO | APTITUD | | | | |
|---|---|---|---|---|---|
|  | Talentos manifiestos en diversas expresiones artísticas | Intelectual asociada a talentos lingüísticos | Intelectual asociada a talentos matemáticos y científicos | Psicomotora asociada a talentos deportivos | Socioafectiva asociada a talentos inter o intrapersonales |
| Procesamiento de la información | Transformación de datos conexos de su "realidad" a productos estéticos de algún campo de las bellas artes. | Despliegue del funcionamiento cognitivo, en donde los datos son evocados, integrados, valorados y utilizados. | Fluidez de datos, criterios variados e ideas integradoras para dar respuesta a una situación. | Obtiene, valora, discrimina, secuencia e integra conceptos en donde se despliegan habilidades motoras para fines diversos. | Habilidades sociales intencionadas en el individuo; evalúa su contexto y despliega conductas de contacto que considere prudentes. |
| Curiosidad | Búsqueda de temas, datos, objetos, productos y otros elementos para que, desde su mirada particular, las transforme en algún tipo de expresión artística. | Búsqueda de temas, datos, objetos y otros elementos que son de interés para integrarlos al acervo cultural o cognoscitivo del sujeto. | Búsqueda de temas, datos, objetos, productos, ideas y otros elementos que pueden ser mezcladas, integradas o revolucionadas para obtener un producto mejorado para un fin particular. | Búsqueda de temas, datos, objetos, videos, ideas y otros elementos que puedan utilizarse en la ejecución de acciones motoras deportivas o de otra índole. | Búsqueda de temas, datos, objetos y otros elementos que puedan servir en acciones prosociales y afectivas. |
| Análisis y síntesis | Puede explicar de manera global y de manera particular los elementos que conforman un concepto artístico. | Puede explicar de manera global y de manera particular los elementos que conforman un tema, concepto o cualquier forma de conocimiento. | Puede explicar de manera global y de manera particular sus ideas y productos finales, sus distingos, ventajas e, incluso, desventajas. | Puede explicar de manera global y de manera particular sus propuestas o secuencias motoras, sus matices, ventajas e, incluso, desventajas. | Puede explicar de manera global y de manera particular sus acciones prosociales, las motivaciones, la prudencia, e, incluso, escenarios no deseables. |

| | | | | | |
|---|---|---|---|---|---|
| Tiempo de respuesta variable | Expresa que las ideas pueden surgir de manera espontánea, o requiere tiempos o espacios de concentración o inspiración. | El sujeto se ajusta o no a tiempos convencionales, pero garantiza respuestas correctas, prudentes y adecuadamente integradas. | El sujeto se ajusta o no a tiempos convencionales, pero garantiza respuestas resolutivas, originales y que pueden ser poco comunes. | El sujeto se ajusta o no a tiempos convencionales, pero garantiza respuestas resolutivas, originales y adecuadas a la situación de exigencia. | El sujeto se ajusta o no a tiempos convencionales, pero garantiza respuestas prosociales adecuadas a la situación y propósitos particulares. |
| Diversa autorregulación de emociones | El sujeto expone y gestiona diversas emociones, las cuales pueden ser plasmadas en un producto artístico. | El sujeto expone y gestiona una variedad de situaciones emocionales, garantizando la regulación y cumpliendo con los objetivos finales. | El sujeto expone y gestiona variedad de situaciones emocionales, garantizando la regulación y cumpliendo con los objetivos finales. | El sujeto expone y gestiona variedad de situaciones emocionales, garantizando la regulación y cumpliendo con los objetivos finales. | El sujeto expone y gestiona variedad de situaciones emocionales, garantizando la regulación y cumpliendo con los objetivos finales. |
| Interacción social | Capacidad para establecer relaciones cordiales, cohesionarlas, liderarlas y encaminarlas hacia un objetivo compartido. | Capacidad para establecer relaciones cordiales, compartir y construir conocimiento de manera colectiva, y asignarles roles en virtud de sus fortalezas y debilidades. | Capacidad para establecer relaciones cordiales, cohesionarlas, liderarlas y asignarles roles en virtud de sus fortalezas y debilidades. | Capacidad para establecer relaciones cordiales, cohesionarlas, liderarlas, y asignarles roles en virtud de sus fortalezas y debilidades. | Capacidad para establecer relaciones cordiales, cohesionarlas, liderarlas, y asignarles roles en virtud de sus fortalezas y debilidades. |
| Aplicar lo que aprenden mediante diversos recursos | Integra y aplica elementos de aprendizajes previos o no convencionales en la elaboración de un producto artístico. | Integra y aplica elementos de aprendizajes previos o no convencionales para resolver problemas de la vida cotidiana. | Integra y aplica elementos de aprendizajes previos o no convencionales para resolver problemas de maneras variadas u originales. | Integra y aplica elementos de aprendizajes previos o no convencionales para responder a una demanda con retos psicomotores. | Integra y aplica elementos de aprendizajes previos o no convencionales para responder y abordar situaciones o generar interacciones con un objetivo particular. |
| Preferencia por uno o más temas | Sujeto con intereses variados, con un creciente acervo de datos artísticos, culturas y una línea común de conexión. | Sujeto con intereses variados, un creciente acervo de datos científicos, artísticos, tecnológicos, culturas, etcétera. | Sujeto con intereses variados, un creciente acervo de datos artísticos, culturas, moda, y toda expresión de lo "estético" y original. | Sujeto con intereses variados, un creciente acervo de datos relacionado con los deportes, bailes, artes y todo lo relacionado con la "expresión corporal". | Sujeto con intereses variados, un creciente acervo de datos relacionado con el liderazgo, la comunicación verbal y no verbal, *influencers*, política y todo lo relacionado con el "arte de relacionarse". |
| Creatividad | Las propuestas resultan convencionales o no, pero generan una nueva perspectiva, tendencia o estilo en un campo artístico específico. | Maneja datos previos, los analiza, integra y adapta y redirige para crear o responder a una situación particular. | Fluidez de ideas, análisis, integración, adaptación y redirección para crear o responder a una situación particular de manera original o convencional. | Fluidez de ideas, análisis, integración, adaptación y redirección para crear o responder a una situación particular (deportes, baile, otros). | Fluidez de ideas, análisis, integración, adaptación y redirección para crear o responder a una situación particular (convencer, liderar, sensibilizar, otros). |
| Mentalista | Muestra o propone diversas ideas que pueden plasmarse en un producto o actividad con fines estéticos y de calidad sobresaliente. | Conoce o propone diversas ideas para lidiar con un problema específico, anticipando los pasos, monitoreándolos y reajustándolos. | Produce de manera fluida y diversificada diferentes ideas para aplicar un conocimiento teórico y materializar un producto innovador. | Puede diseñar, de manera imaginaria, una serie de movimientos acordes que generen una estrategia u optimicen sus respuestas motoras. | Es capaz de distinguir estados de ánimo a través de una lectura facial. |

Para la modalidad de CAM se recomienda que el inventario de aptitudes sobresalientes[45] sea aplicado por el docente frente al grupo o tallerista de algún programa de enriquecimiento extracurricular que se esté aplicando. Este instrumento es aplicable a alumnos con discapacidad que cursen la modalidad de escuela regular y sean candidatos a la doble excepcionalidad.

| INVENTARIO DE APTITUDES SOBRESALIENTES MODALIDAD CAM (Solís, 2022) | | | | | |
|---|---|---|---|---|---|
| **Instrucciones:** selecciona la afirmación que muestre(n) la(s) manifestación(es) más característica(s) del alumno(a) en cada uno de los criterios, no importando el nivel que curse dentro del CAM y con la intención de apreciar su(s) aptitud(es) dominante(s) y cómo se está manifestando su sobredotación. Si cuentas con equipo interdisciplinario se recomienda contestarlo de manera conjunta; de no ser así, no existe ningún inconveniente para su aplicación.<br><br>Este instrumento es relevante porque guiará los ajustes que sean necesarios para el programa de enriquecimiento que se está aplicando en la institución.<br><br>**Observación:** en caso de existir un alumno con discapacidad en algún nivel de escuela regular, se recomienda usar este instrumento. | | | | | |

Alumno _____ Edad ____ Grado _____ Grupo _____ CURP _____|

| Criterio | Aptitud | | | | |
|---|---|---|---|---|---|
| | **Artística** | **Intelectual** | **Creativa** | **Psicomotora** | **Socioafectiva** |
| Procesamiento de la información | Utiliza diversas técnicas y recursos personales para la elaboración de un producto en diversas manifestaciones artísticas. | Realiza la tarea focalizando la atención y requiriendo mínimos niveles de ayuda. | Emplea sus recursos cognitivos y motivación para generar ideas diferentes al resolver una situación o tarea. | Ejecuta secuencias de movimientos coordinados, ya sea por imitación o siguiendo instrucciones complejas, en una sola exhibición. | Construye, comprende y aplica las normas de convivencia en colaboración con sus pares. |
| Curiosidad | Practica una expresión artística (danza, música, pintura) en la cual mantiene disciplina y motivación para mejorar sus habilidades. | Demuestra interés en uno o más temas, que explora con profundidad para ampliar su repertorio de habilidades. | Formula hipótesis con relación a uno o más campos de conocimiento y trata de resolverlas mediante el ensayo y error. | Construye diversas representaciones con objetos simples, dándoles un significado específico. | Conversa con sus pares y adultos sobre temas de interés particular o general, planteando preguntas para indagar información. |
| Análisis y síntesis | Identifica las partes que conforman una expresión artística, separándolas e integrándolas de nuevo a la obra para crear una de manera particular. | Brinda explicaciones coherentes sobre uno o más temas de su interés, atendiendo un orden cronológico, causas y efectos. | Explica de manera persuasiva uno o varios temas de interés general o específico, así como los procedimientos para resolver una situación o las características de un proyecto por realizar. | Observa, comprende y ejecuta acciones para realizar procesos que implican destreza manual (juegos de video, uso de dispositivos, juego de mesa). | Comprende la importancia de las pautas de comportamiento y cómo estos influyen en la convivencia con los demás. |
| Tiempo de respuesta variable | Plantea un conjunto de ideas para la creación de una obra artística, de manera individual o con el apoyo de otra persona. | Planifica sus ideas para la resolución o implementación de una situación, problema o proyecto, conectando con experiencias previas. | Plantea un conjunto de ideas de manera espontánea para la resolución de una situación, realización de un producto o proyecto colectivo. | Ejecuta la instrucción casi de inmediato, tomando tiempo para asimilarla y preparando el cuerpo para manifestar su desempeño. | Expresa ideas en colectivo para la solución de un situación o problema, eligiendo democráticamente aquellas que sean factibles de llevar a cabo. |

[45] Elaborado por el Mtro. Manuel Solís Córdova.

| | | | | | |
|---|---|---|---|---|---|
| Diversa autorregulación de emociones | Expresa sus emociones a través de obras artísticas, en las que se destacan colores, sonidos, movimiento y formas específicas para manifestar una o más. | Reacciona de manera positiva ante situaciones que representan un desafío intelectual. | Regula emociones con asertividad, como la frustración, cuando su producto no cumple con sus expectativas. | Expresa sus emociones a través de movimientos corporales claramente definidos (gestos, brazos, saltos, etcétera). | Emplea pautas de comportamiento en contextos diversos, reconociendo las acciones que afectan a otros positiva o negativamente, evitando conflictos. |
| Interacción social | Participa con sus pares en diversos contextos, apreciando la diversidad artística y sus distintas manifestaciones. | Lidera a sus compañeros en la realización de proyectos, tareas o actividades dentro y fuera del aula. | Comparte sus saberes con otros, presentando sus ideas y aceptando la opinión de los demás para enriquecerlos. | Disfruta participar en juegos colaborativos, tomando la iniciativa para organizarlos y estableciendo las reglas. | Muestra empatía hacia los demás, ofreciendo apoyos en diversas situaciones o abogando por la convivencia escolar y familiar. |
| Aplicar lo que aprenden mediante diversos recursos | Brinda significado a sus creaciones representando el mundo natural, social y familiar en el que vive, destacando los detalles que más le llaman la atención. | Vincula lo que aprende en la escuela con lo que realiza en su vida cotidiana, realizando mayor esfuerzo para conectar nuevos aprendizajes. | Desarrolla ideas originales o aportadas por otros, como reciclar materiales, para darles utilidad en su hogar o escuela. | Aplica las técnicas que indaga con otros para mejorar sus destrezas corporales, las cuales emplea en el desarrollo de juegos, deportes u otras actividades. | Comparte su punto de vista con respecto a los sucesos sociales y los vincula con los aprendizajes de la escuela. |
| Preferencia por uno o más temas | Muestra talento en una o más actividades artísticas, en las cuales focaliza su interés para practicar y mejorar sus habilidades. | Define claramente sus intereses, adquiriendo habilidades que emplea para profundizar en los temas que en ese momento son relevantes para él. | Manifiesta habilidades en una o más áreas de la vida cotidiana (moda, belleza, decoración, cocina, etc.), participando con entusiasmo y elaborando productos con adecuada calidad. | Muestra interés en una o más disciplinas deportivas, observando compromiso y disciplina en sus prácticas. | Participa en proyectos comunitarios o de grupos sociales para intentar resolver una situación o ayudar a otros. |
| Creatividad | Adapta las técnicas de las diferentes expresiones artísticas para la creación de obras desde una perspectiva diferente. | Utiliza estrategias novedosas para la búsqueda, selección y presentación de la información, formulando y comprobando sus hipótesis acerca de un tema específico. | Presenta ideas únicas u originales para la elaboración de productos o servicios, cuidando que cumplan con una adecuada calidad. | Realiza con prolijidad y coordinación una secuencia de movimientos corporales en la disciplina de su interés, mostrando un desempeño destacado. | Presenta ideas únicas u originales en colectivo para intentar resolver una situación o ayudar a quien lo requiera. |
| Mentalista | Explica con detalle las características de su obra artística, observándose amplios saberes de las técnicas utilizadas en su producción. | Planifica los pasos para conocer sobre un tema particular o problema, observándose un amplio repertorio de competencias que utiliza para buscar información. | Demuestra una gran capacidad de imaginación para el diseño de productos o servicios, resolución de problemas o participación en diversas actividades que requieren respuestas diferentes. | Demuestra capacidad para improvisar una acción no planeada durante la ejecución de una serie de movimientos coordinados. | Reconoce las diferentes emociones de las personas que están a su alrededor y actúa en consecuencia, ya sea para socializar o identificar conductas de riesgo. |

Es menester decir que la(s) aptitud(es) dominante(s) es(son) la(s) que cuenta(n) con mayores elementos marcados; por lo que se entiende que las otras serán las recesivas.

Estos instrumentos buscan dar acceso a poblaciones especiales que habían quedado excluidas del programa dentro del estado, por lo cual agradezco al equipo K'ajalín por el apoyo brindado para la consecución de este logro.

## Equipo de investigación del programa K'ajalín

Mtro. David Alberto Valencia Hernández
Coordinador

Mtra. Daniela Sthefany Santiago Hernández
Docente de nivel Preescolar

Mtro. Hervey Fuentes de la Cruz
Psicólogo de USAER

Mtra. Wendy Stephanie García Padrón
Docente de nivel Preescolar

Mtro. Manuel Solis Cordova
Docente de CAM

Mtra. Mariana de la Cruz García
Docente de Preescolar Intercular Bilingüe

Próximamente, comenzaremos a trabajar su validación mediante artículos académicos o tesis.

## 2.3.2.4. Formato de informe inicial con programa de enriquecimiento

El cuarto paso de esta esfera lleva el nombre de informe inicial con programa de enriquecimiento, el cual sustituye al "**informe inicial**", que, dicho sea de paso, ha sido una de las dudas recurrentes que los docentes de grupo y especial han manifestado.

Por esta razón presento la siguiente propuesta, que surge de la reflexión de estudiantes[46] de la materia en "Procesos de intervención de las aptitudes sobresalientes" de tres generaciones de la Maestría en Educación Inclusiva que impartía en la Universidad Alfa y Omega.

A continuación, muestro los apartados que integran esta propuesta:

### 2.3.2.4.1. Ficha de identificación

En primer lugar, se agregan los datos que ayudan a la identificación del alumno que será beneficiado con el informe inicial. Como se observará más adelante, se proponen algunos elementos, pero si el docente considera prioritario agregar algunos otros, no existe impedimento alguno para hacerlo.

### 2.3.2.4.2. Diagnóstico

En segundo lugar, tenemos el diagnóstico. Para el cual, se propone fusionar las teorías acerca de sobredotación que el docente considere prudentes, las que han sido mostradas en este documento, y que se apoye en el inventario de aptitudes sobresalientes para enfatizar la diversidad manifiesta en el espectro de la sobredotación; así como las aptitudes dominantes y recesivas.

Cabe recordar que el espectro de sobredotación se puede manifestar en cualquier campo del quehacer humano y que, para el programa de 2006, estos han sido agrupados en cinco posibilidades.

---

[46] Las características de estos estudiantes es que son docentes frente a grupo de preescolar, primaria, secundaria, preparatoria y universidad; incluidos grupos indígenas.

Trataré de profundizar en estas ideas con algunos ejemplos. Creo que nadie duda que los futbolistas[47] profesionales cuentan con algún tipo de sobredotación, pero no todos tienen el mismo nivel.

Hipotéticamente, hemos sido invitados a presenciar un partido *sui géneris* entre CR7 y el "Pikolín" Palacios, en donde, para definir al ganador, se requiere conducir el balón de un punto de la cancha a otro en menor tiempo. Como sabemos, ambos son profesionales, por lo que tienen entrenadores de técnica y velocidad de conducción de pelota, pero si se lanzara una apuesta con los espectadores, la balanza se inclinaría audazmente a favor de CR7 y pocos apostarían sus ahorros a favor del "Pikolín". Nadie duda de la capacidad del Pikolín para convertirse en profesional, pero se reconoce que existen futbolistas con mayor potencial y eficacia que él. Pasa lo mismo con la sobredotación.

Por ello, analizar la personalidad de un sujeto mediante aptitudes dominantes y recesivas nos mostrará cómo es sobresaliente de forma única e irrepetible; en lugar de preguntarnos si lo es o no. Este giro de visión permite reconocer que los alumnos con sobredotación no son iguales, ni están obligados a serlo.

Por otro lado, Gagné y Howard Gardner sostienen que la sobredotación se desarrolla, o no, hacia la especialización de talentos con instrucción formal o informal. Con ello, para los niveles de secundaria y ulteriores, debemos analizar de qué manera nuestra intervención ha contribuido a su especialización; o sea, a la aparición o no de talentos específicos.

Imaginemos a un alumno de la esfera intelectual. Bajo ninguna perspectiva está obligado a destacar en todo lo que implique la esfera intelectual. Tal vez podrá tener un campo

---

[47] Con Gagné se habla de aptitud psicomotora.

específico de preferencia y en él se especialice, llegando a un alto dominio; incluso llegando a ser un egresado de medicina, quien, posteriormente, busque alguna especialidad que le guste, como la psiquiatría, urología, pediatría, virología, epidemiología[48], etcétera.

Retomando lo psicomotriz, este aspecto puede manifestarse en algún deporte en particular. Es más, un alumno con obesidad puede ser un sobresaliente en psicomotricidad si el deporte de especialización tiene que ver con mayor masa muscular (fútbol americano, lucha libre, lucha grecorromana, box, etcétera).

Para centrar la mirada en lo que trato de decir, un buen diagnóstico depende de la creatividad a la hora de mirar lo que se quiere y quién lo quiere detectar.

## 2.3.2.4.2.1. Indicadores de evaluación

El tercer rubro de esta propuesta integra diversos indicadores para analizar las condiciones educativas que se asocian a la potencialidad del superdotado. Se recomienda agregar las barreras para el aprendizaje y la participación que se les asocien:

- **Contexto familiar:** analizar la estructura, tipo, dinámica, ejercicio del poder, lazos afectuosos, clima comunicacional y situación financiera.

- **Contexto escolar:** analizar el tipo de escuela, número de docentes, relaciones sociales dentro de la misma, actividades que se realizan y en las que participa.

- **Contexto social:** analizar los grupos de adherencia en los que participa (indígena, religioso, político, académico, deportivo, cultural…) y que le circundan (grupos delincuenciales, económicos…).

---

[48] Con lo que nos hace falta en el país.

- **Desarrollo físico:** es importante conocer los procesos que este alumno ha incorporado y los que vive en ese momento, como peso, talla, estatura, índice de masa corporal, algún tipo de discapacidad asociada, etcétera.

- **Desarrollo cognitivo:** para este punto sugerimos apoyarse en los instrumentos aplicados en las fases anteriores; enfatizando los siguientes indicadores: procesamiento de la información, curiosidad, análisis y síntesis, tiempo de respuesta variable, aplicar lo que aprenden mediante diversos recursos, preferencia por uno o más temas, creatividad y mentalista; los cuales ayudarán a definir el tipo de intervención conveniente según el perfil específico del superdotado[49].

- **Desarrollo socioafectivo:** como se ha ido apreciando en el transcurso de este trabajo, se debe revisar cómo está, en materia de desarrollo humano, el menor con sobredotación para evitar algún tipo de desviación psicopática, pues existen casos documentados en que los alumnos con sobredotación han generado conductas antisociales y asociales. Como apoyo de este rubro recomiendo usar los siguientes indicadores de los instrumentos anteriores: diversa autorregulación de emociones e interacción social.

- **Competencia curricular:** es necesario conocer cuál es su nivel académico en relación con lo propuesto por el currículo de los planes de estudio, teorizando lo que lo dificulta y favorece, en caso, o no, de presentar dificultad severa de aprendizaje o alguna discapacidad asociada.

---

[49] Presente o no un problema severo de aprendizaje o algún tipo de discapacidad.

## 2.3.2.4.3. Intervención

Para este último apartado se recomienda seleccionar cuál es el nivel de la pirámide del enriquecimiento que se esté aplicando o se piensa aplicar para el alumno beneficiado. Posteriormente se deben redactar las acciones que se plantean realizar en los tres escenarios[50] que a continuación se enlistan:

- **En el aula:** trabajo metodológico específico que debe orientar el trabajo hacia áreas científicas, artísticas, deportivas, inter/intrapersonales, de creación literaria o pensamiento matemático.

- **En la escuela:** formas en que el plantel se debe organizar internamente para generar proyectos comunes que favorezcan a todo el cuerpo estudiantil y docente.

- **Fuera de la escuela:** instituciones, empresas o asociaciones civiles con las que se deben realizar convenios de colaboración para potenciar a los menores con sobredotación y cuerpo docente, enfatizando el objetivo de dicho convenio.

Posteriormente se agrega un apartado para declarar si el alumno requiere atención complementaria de algún servicio de Educación Especial (u otra empresa, asociación civil, universidad, etc.), para ser incluido en ambos registros de información de alumnos. Cabe mencionar que esta declaración deberá argumentar qué se pretende estimular con dicho servicio.

Como cierre del documento se agrega el aviso de privacidad oficial, el cual busca proteger la integridad del menor y sus familias, así como respaldar el trabajo que el docente o docentes implicados han elaborado al cumplir el procedimiento mostrado. También se agregan las firmas de los profesionales implicados, con sus respectivas cédulas profesionales.

---

[50] Recomiendo revisar, nuevamente, las líneas de intervención de la pirámide del enriquecimiento.

# Sin más, presento el formato que ha sido narrado:

**INFORME INICIAL CON PROGRAMA DE ENRIQUECIMIENTO**

**1. Ficha de identificación**

Alumno _____ Edad _____ CURP _____ Año de inclusión
_____ al programa de AS _____ Grado/Semestre _____
Grupo _____ Escuela _____ Nivel _____ Tutor
_____

Servicio de Educación Especial (De contar): USAER No. _____ CAM No. _____ CRIE No. _____

**2. Diagnóstico**

Analice el cómo es sobresaliente, partiendo de las aptitudes dominantes y recesivas. En caso de cristalizarse en talento en Primaria (grados superiores), Secundaria y Medio Superior, anotarlo.

| Personalidad sobresaliente | | |
|---|---|---|
| **Aptitud(es) dominante(s)** | **Aptitud(es) recesiva(s)** | **Talento(s)** |
| | | |

Analiza las barreras del aprendizaje y la participación que limitan o favorecen el desarrollo del potencial de la AS en los diversos contextos y condición específica del sujeto. Esto servirá para plantear o ajustar el plan de enriquecimiento.

| Indicador | Situación actual |
|---|---|
| Contexto familiar | |
| Contexto escolar | |
| Contexto social | |
| Desarrollo físico | |
| Desarrollo cognitivo | |
| Desarrollo socioafectivo | |
| Competencia curricular | |

**3.** Apegado al PEMC desarrolle el Programa de enriquecimiento considerando los indicadores y el diagnóstico para potenciar la(s) AS del alumno. Este implica la selección de estrategias, métodos, técnicas y materiales especializados; el trabajo colaborativo y asesoría entre docentes, directivos y padres/tutores.

**Marque el nivel de la pirámide de enriquecimiento en aplicación:**

O Enriquecimiento para todos   O Enriquecimiento con agrupamiento   O Enriquecimiento con aceleración

| | Acciones | Responsable(s) | Fecha de aplicación | Evidencia |
|---|---|---|---|---|
| En el aula | | | | |
| En la escuela | | | | |
| Fuera de la escuela | | | | |

**4. Requiere atención complementaria**

CAM _____   USAER _____   CRIE _____ Otra _____

Argumente
_____
_____
_____

**5. Criterios de evaluación**

| Elemento | Porcentaje |
|---|---|
| | |
| | |
| | |
| | |

**AVISO DE PRIVACIDAD**

Este informe tiene **CARÁCTER CONFIDENCIAL**, siendo responsable de su guarda y custodia el director de la escuela donde el alumno recibe atención educativa; por lo que deberá estar integrado al expediente único de la institución, apegado a las normas oficiales vigentes de Control Escolar y quedará estrictamente prohibido difundir la información para fines alejados a lo académico.

La información recogida tiene como única finalidad el ajuste de la ayuda pedagógica a las necesidades asociadas a la condición que presenta el alumno(a); constata la situación actual y debe revisarse al finalizar la etapa educativa y siempre que circunstancias relevantes lo aconsejen.

Por lo que la Secretaría de Educación del Estado de Tabasco avala el contenido que el personal que participó en el llenado del documento publicó, al ser derivado de un proceso científico en el campo educativo publicado en las normas oficiales de Control Escolar, el cual busca la protección de los Derechos Humanos de los niños. Más preciso, de existir un incumplimiento del proceso oficial se deslinda de toda responsabilidad legal y hará aplicables sanciones a los servidores públicos inmiscuidos, esto apegado a la Ley de Responsabilidades Administrativas de la Ley de Servidores Públicos vigente.

En _____, _____, Tab. a _____ de _____ de 20__.
   (Localidad)              (Municipio)

Firmas de los involucrados con cédula profesional

Con esto cierro la segunda esfera del microsistema de detección de la espiral caótica.

### 2.3.3. Reunión colegiada

La última esfera de este microsistema de detección es la reunión colegiada. En la cual tendrán la libertad académica para realizar los ajustes a la pirámide del enriquecimiento que consideren prudentes; así como decidir a qué alumnos se les asignará la condición de AS y cuáles de ellos podrán ser candidatos para el programa de acreditación y promoción anticipada, luego de cursar, algunos ciclos escolares, el enriquecimiento.

En estas reuniones, cuando se toquen estos temas, sería interesante conocer la posición del menor. Recordemos que el marco legal actual reconoce al niño como sujeto de derecho. Lo que, en una interpretación personal, lleva a pensarle como el actor social que se mueve en el proceso mismo de detección, lo cuestiona y decide su permanencia, o no, en el programa AS.

Como lo he ido dejando entrever, esta esfera es vital para entender la espiral caótica, pues el colectivo docente ajusta, replantea, modifica o sostiene los proyectos adheridos a la pirámide enriquecimiento; según aprecia el caminar del desarrollo de los niños y adolescentes en los que se interviene. Es decir, puede regresar las veces que sean necesarias, de una forma diferente, a lo que en un inicio se pensó como el inicio, para convertirlo en la parte media de este espiral infinito; e incluso expandirlo tanto para especializar la atención en un punto específico o no.

Espero poder dejar en claro que es la óptica teórica del colectivo docente implicado (podrán trabajar las carencias[51] o

---

[51] Enfoque de Piaget.

potencialidades[52] en los alumnos) lo que marca la línea de intervención que podrá o no generar alumnos con sobredotación. Si caminan hacia el deporte, posiblemente hallen deportistas; si caminan al canto, probablemente detecten cantantes.

En otras palabras, es la intervención lo que cambia o no las condiciones en los contextos áulicos, escolares o extraescolares donde se encuentran los alumnos.

---

[52] Enfoque de Vygotsky.

# Cierre sin cierre

Para finalizar, debo decir que para fines académicos hice la división del microsistema de detección de la espiral caótica, pero en la práctica todo podría converger al mismo tiempo y sería dificultoso, si no fantasioso, recitar el proceso de una forma mecánica y mental, e incluso pensar que es la única manera en que se podría hacer operativa la espiral.

Por lo que te pido, si la aplicas, me comentes los pros y contras de esta visión, así como que si encuentras otra manera de aplicarla y representarla. Me emociona pensarlo.

De igual manera, me encanta compartir el concepto de espectro de sobredotación. Ojalá podamos debatir al respecto.

Muchas gracias por las atenciones a este documento.

David Alberto Valencia Hernández

psico.david.alberto@gmail.com

# Bibliografía

Aljughaiman, A. (Abril, 2010). El OASIS. Un modelo de enriquecimiento para el desarrrollo del talento. *Revista electrónica Interuniversitaria de Formación del Profesorado,* 75-84.

AprendeTIC UNAM. (17 de 06 de 2021). *Youtube.* Obtenido de Seminario Tic Via Webconference, la nueva modalidad hibrida, ¿Cómo nos preparamos?: https://www.youtube.com/watch?v=Rmrv_vHlDDY

B. Kawulich, B. (Mayo de 2005). La observación participante como método de recolección de datos. *Forum Qualitative Sozialforschung / Forum: Qualitative Social Research [On-line Journal], 6*(2), 1-31.

Barojas Sánchez, J. (2019). Infancias en Transición. *Aniversario 19 de la Unidad de Servicios de Educación Regular No. 48.* Villa el Triunfo, Balancán.

Busca biografías. (19 de 07 de 2021). *Cristiano Ronaldo.* Obtenido de Busca biografias: https://www.buscabiografias.com/biografia/verDetalle/9680/Cristiano%20Ronaldo

Consejo Mexicano de Investigación Educativa. (23 de junio de 2020). *Consejo Mexicano de Investigación Educativa COMIE.* Obtenido de Foro virtual: Tensiones entre educación y educación inclusiva. Desafíos a partir del COVID-19: https://m.youtube.com/watch?feature=-youtu.be&v=p4aTtP36WSo

Covarrubias, P. (04 de 05 de 2021). Educación Especial Hoy. (A. Millán, Entrevistador)

De la Torre, G. (03 de 05 de 2021). T2. E2. Retos de la Educación Especial en Tiempos de la COVID-19: Logros y deudas en la atención de los alumnos con Aptitudes Sobresalientes a nivel nacional. (D. A. Valencia Hernández, Entrevistador)

Diario Oficial de la Federación. (15 de Mayo de 2019). *Diario Oficial de la Federación.* Obtenido de DECRETO por el que se reforman, adicionan y derogan diversas disposiciones de los artículos 3o., 31 y 73 de la Constitución Política de los Estados Unidos Mexicanos, en materia educativa.: https://www.dof.gob.mx/nota_detalle. php?codigo=5560457&fecha=15/05/2019&print=true

Diario Oficial de la Federación. (2019). *Plan Nacional de desarrollo 2019-2024.* México, DF: Diario Oficial de la Federación.

Diario Oficial del Estado de Tabasco. (2019). *Plan Estatal de Desarrollo 2019-2024.* Villahermosa, Tabasco: Gobierno del Estado de Tabasco.

El pais. (19 de 07 de 2021). *Dúos, Josevi García y Pablo Molina, el Down sobre ruedas.* Obtenido de El pais: https://elpais. com/elpais/2018/01/16/eps/1516113997_135629.html

El pais. (19 de 07 de 2021). *Nikola Tesla, la verdad del mito.* Obtenido de Genios científicos: https://elpais.com/ elpais/2015/06/26/ciencia/1435331776_684724.html

Flanagan, A., & Arancibia, V. (2005). *Talento académico: Un análisis de la identificación de alumnos talentosos efectuada por profesores.* Santiago de Chile: Pontificia Universidad Católica de Chile.

Frola, P. (11 de 07 de 2020). *Youtube.* Obtenido de Herramientas de evaluación para ambientes híbridos, flexibles, b-learning: https://www.youtube.com/watch?v=UC-v7PFXJmh0

G. Irwin, L., Siddiqi, A., & Hertzman, C. (2007). *Desarrollo de la Primera Infancia: Un potente Ecualizador.* Vancouver: Human Early Learning Partnership .

Gómez de la Torre, R. L. (2014). *Fantasma en el Aula. Cómo aprovechar el potencial invisible en México.* Ciudad de México: Secretaría de Educación de Sinaloa.

Lara Lagunes, R. (2014). *Acuerdo por el que se otorga Validez Oficial de Estudios al programa académico de la MAESTRÍA EN EDUCACIÓN INCLUSIVA, Modalidad Mixta, que se imparte en la Universidad Alfa y Omega, Propiedad de la Organización Educativa Tabscoob A.C.* Villahermosa, Tabasco.: Secretaría de Educación.

Lavastida Sánchez, K. P. (2015). *Proyecto de Formación Cívica y Ética para alumnos con aptitudes sobresalientes: "una mirada hacia los grupos vulnerables".* Villahermosa, Tabasco: Instituto de Educación Superior del Magisterio.

Lladó, A. (2006). *Locura y genialidad.* Barcelona: Sin datos.

McCadden, C. J., & Durand, F. G. (2016). Genialidad y melancolía (La rebelión del pensamiento). *Estudios 118,* 9-43.

Morro, J., & Arribas, S. (2019). *La destrucción creadora de Schumpeter.* Barcelona, España: Universitat Pompeu Fabra Barcelona.

Naciones Unidas. (2016). *Agenda 2030 y los Objetivos de Desarrollo Sostenible. Una oportunidad para América Latina y el Caribe.* Santiago: Naciones Unidas.

Najmanovich, D. (2008). *Mirar con nuevos ojos. Nuevos paradigmas en la ciencia y pensamiento complejo.* Buenos Aires: Sin frontera.

Neruda, P. (1924). *Veinte Poemas de amor y una canción desesperada.* Santiago, Chile: Nascimento.

Ortuño Sánchez, P. L. (2015). *Aspectos clínicos en el diagnóstico de las Altas Capacidades.* España: Universidad de Castilla-La Mancha.

Pacho Jiménez, G. (2016). *Creatividad y personalidad en alumnos superdotados: un estudio comparativo entre superdotados y normales.* Madrid: Universidad Complutense de Madrid.

Pérez Sierra, M. P., Hincapié Marín, B. & Arias Cardona, A. M. (2018 de 2018). *Socialización de jóvenes a través de las TIC en una institución educativa de Antioquia.* Obtenido de Pensamiento psicológico: https://www.redalyc.org/jatsRepo/801/80156642005/html/index.html#redalyc_80156642005_ref6

Secretaría de Educación Pública. (2020). *Glosario de términos. Educación Básica.* México: Secretaría de Educación Pública.

Secretaría de Educación Tamaulipas. (2014). *Manual de Identificación y Registro de Talentos. Guía para docentes.* Tamaulipas: Subsecretaría de Educación Media Superior y Superior.

SEGEY. (2021). *Tomo 2. Aptitudes Sobresalientes. Colección juntos trabajemos por la inclusión.* Merida, Yucatán: Gobierno del Estado de Yucatán.

SEP. (2006). *Propuesta de intervención: Atención educativa a alumnos y alumnas con aptitudes sobresalientes.* México, DF: Secretaría de Educación Pública.

SEP. (2011). *Guía de intervención educativa para alumnos con aptitudes sobresalientes y talentos específicos.* Pachuca, Hidalgo: Secretaría de Educación Pública de Hidalgo.

SEP. (10 de Julio de 2014). *Centros de Enriquecimiento.* Obtenido de Educación Especial Hidalgo: https://educespecialpachuca.wordpress.com/2014/07/14/centros-de-enriquecimiento/

SEP. (Junio de 2021). *Estadistica educativa Tabasco 2020-2021.* Obtenido de Planeación: https://planeacion.sep.gob.mx/entidadfederativa.aspx

SEP. (21 de 2021 de 2021). *Lineamientos para la acreditación, promoción y certificación anticipada de alumnos con aptitudes sobresalientes en Educación Básica.* Obtenido de SEP: http://produccionp0.net/AgsPruebas/Recursos/NormasCE/LINEAMIENTOS%20SOBRESALIENTES.pdf

SETAB. (2019). *Tabasco Eres.* Villahermosa, Tabasco: Secretaría de Educación del Estado de Tabasco.

SETAB. (2019). *Transición del enfoque de la educación especial a la educación inclusiva.* Villahermosa, Tabasco: Subsecretaría de Educación Básica.

SETAB. (2021). *Lineamientos técnicos para la atención de Niñas, Niños y Adolescentes en Centros de Atención Múltiple y Escuelas de Educación Básica del Estado de Tabasco.* Villahermosa, Tabasco: Dirección de Educación Especial; Secretaría de Educación del Estado de Tabasco.

Valencia Hernández, D. A., & Escalante Cantú, M. A. (2014). *LA operatividad del programa AS: entre el enriquecimiento y la aceleración en los psicólogos de la Zona Escolar No. 6 y los Ex Coordinadores de Educación Especial.* Villahermosa, Tabasco: Instituto de Educación Superior del Magisterio.

Zurita Guzmán, M. I., & Muñoz Aguilar, J. M. (2021). *Nuestra práctica docente en la atención a los alumnos AS en tiempos de pandemia en la Zona Escolar No. 6 de Educación Especial.* Emiliano Zapata, Tabasco: Secretaría de Educación de Tabasco.

www.ingramcontent.com/pod-product-compliance
Lightning Source LLC
Chambersburg PA
CBHW052011090426
42741CB00008B/1642